LAS ÚLTIMAS REFORMAS DE LA LEY DE ENJUICIAMIENTO CRIMINAL

Una visión práctica tras un año de vigencia

Fermín OTAMENDI ZOZAYA

Magistrado

LAS ÚLTIMAS REFORMAS DE LA LEY DE ENJUICIAMIENTO CRIMINAL

Una visión práctica tras un año de vigencia

Dykinson, S.L.

Este libro ha sido sometido a evaluación por parte de nuestro Consejo Editorial
Para mayor información, véase *www.dykinson.com/quienes_somos*

Editorial DYKINSON, S.L. Meléndez Valdés, 61 – 28015 Madrid
Teléfono (+34) 91544 28 46 – (+34) 91544 28 69
e-mail: info@dykinson.com
http://www.dykinson.es
http://www.dykinson.com

ISBN: 978-84-9148-064-8
Depósito Legal: M-775-2017

Preimpresión:
Besing Servicios Gráficos, S.L.
besingsg@gmail.com

A mi padre,
Francisco Javier Otamendi Martínez

ÍNDICE

INTRODUCCIÓN

Han transcurrido casi cuarenta años desde la promulgación de nuestra actual Constitución y, sin embargo, la ley que permite aplicar la segunda norma más importante en un estado de derecho –el Código Penal (llamada, por ello, la Constitución negativa, tal como indica la exposición de motivos del vigente texto penal)– sigue ostentando el dudoso record de ser la norma procesal más antigua de España y, casi con seguridad, de nuestro entorno europeo. En efecto, todas las restantes leyes de procedimiento, desde la Ley de Enjuiciamiento Civil hasta la Ley reguladora de la Jurisdicción Contencioso-Administrativa, pasando por la Ley de Procedimiento Laboral e, incluso, la Ley Orgánica Procesal Militar, que regula el procedimiento penal en el ámbito de la milicia, han sido promulgadas con posterioridad a la Constitución, como por otra parte es lógico, habida cuenta del profundo impacto que la promulgación de nuestra norma fundamental produjo en el ordenamiento jurídico español.

Sin embargo, y como se ha dicho, la ley a través de la cual se ejerce el *"ius puniendi"* del Estado; la norma a través de la cual se puede privar a una persona de su derecho más fundamental e importante, su libertad; la ley que regula los límites que el Estado tiene en la investigación y persecución del delito y, por ende, el texto legal que establece los derechos de los ciudadanos frente al poder coactivo más importante con el que cuenta el Estado moderno data, nada menos, que del siglo XIX, concretamente del año 1882, hace ciento treinta y cinco años.

Naturalmente, la Ley de Enjuiciamiento Criminal se ha modificado en numerosas ocasiones desde la promulgación de nuestro texto constitucional, fundamentalmente para adecuar el texto procesal a la norma fundamental. En concreto, desde 1998, la Ley de Enjuiciamiento Criminal se ha modificado en 29 ocasiones, cinco de las cuales se han producido en el año 2015. No obstante, desde dicho momento, el año en el que más modificaciones sufrió el texto procesal fue el 2003, en el que se promulgaron normas que modificaron la Ley de Enjuiciamiento Criminal en siete ocasiones.

Ello ha producido una cierta "modernización" de nuestra norma procesal penal, pero también, como efecto necesariamente inherente a la introducción de modificaciones en un texto codificado, la pérdida de la coherencia interna de la Ley. En cualquier caso, esa modernización no es, en modo alguno, suficiente y es imperiosa la necesidad de que el legislador aparque sus diferencias, sobre todo en relación al modelo de instrucción que ha de existir en España (cuestión tras la que se esconde, en el fondo, la pretensión política de controlar un aspecto tan importante como es quién y cómo se investigan los delitos) y dote a España de una norma procesal penal moderna y plenamente respetuosa con los principios constitucionales y los derivados de los tratados internacionales suscritos por nuestro país.

El objeto de este temario son las modificaciones introducidas en la Ley de Enjuiciamiento Criminal el pasado año 2015, las cuales se contuvieron en cinco distintas disposiciones legales: tres leyes orgánicas y dos leyes ordinarias. Al haber transcurrido casi un año desde la entrada en vigor de dichas modificaciones legales, contamos ya con la experiencia suficiente para valorar si las mismas han producido el efecto deseado, si dichas modificaciones han mejorado, o no, el procedimiento penal español y si dichas reformas han sido suficientes para alcanzar los fines que el legislador se propuso.

Este temario está dirigido, fundamentalmente, a los funcionarios de las fuerzas y cuerpos de seguridad y de la Administración de Justicia, por lo que nos centraremos en aquella parte de las modificaciones legales que más directamente tienen relación con el día a día del trabajo de dichos funcionarios.

RESUMEN DE LAS DIFERENTES REFORMAS

Las leyes que en el pasado año 2015 han modificado la Ley de Enjuiciamiento Criminal son las siguientes:

— Ley Orgánica 1/2015, de 30 de marzo, por la que se modifica la Ley Orgánica 10/1995, de 23 de noviembre, del Código Penal.

— Ley Orgánica 5/2015, de 27 de abril, por la que se modifican la Ley de Enjuiciamiento Criminal y la Ley Orgánica 6/1985, de 1 de julio, del Poder Judicial, para transponer la Directiva 2010/64/UE, de 20 de octubre de 2010, relativa al derecho a interpretación y a traducción en los procesos penales y la Directiva 2012/13/UE, de 22 de mayo de 2012, relativa al derecho a la información en los procesos penales.

— Ley 4/2015, de 27 de abril, del Estatuto de la víctima del delito

— Ley Orgánica 13/2015, de 5 de octubre, de modificación de la Ley de Enjuiciamiento Criminal para el fortalecimiento de las garantías procesales y la regulación de las medidas de investigación tecnológica.

— Ley 41/2015, de 5 de octubre, de modificación de la Ley de Enjuiciamiento Criminal para la agilización de la justicia penal y el fortalecimiento de las garantías procesales

A) LEY ORGÁNICA 1/2015

La Ley Orgánica 1/2015, de 30 de marzo, por la que se modifica la Ley Orgánica 10/1995, de 23 de noviembre, del Código Penal, suprime el Libro III, dedicado a los juicios de faltas, que desaparecen como consecuencia de la derogación de este tipo de infracciones penales y regula, de forma prácticamente idéntica a la normativa anterior de las faltas, el procedimiento para el enjuiciamiento de este tipo de delitos leves. La modificación más relevante es la introducción, por primera vez en nuestro derecho procesal penal, aunque de forma limitada, del llamado *"principio de oportunidad"*, que permite que el juez, a instancias del Ministerio Fiscal, archive las actuaciones sin llegar a celebrar el juicio en los casos de menor gravedad, valorada la escasa entidad del hecho y la falta de interés público en su persecución.

Como consecuencia de un efecto no deseado de la modificación de los artículos 13 y 33 del Código Penal, diversos delitos menos graves se han convertido en delitos leves tras la entrada en vigor de la Ley Orgánica 1/2015, lo que ha hecho necesario modificar diversos preceptos procesales en materia de postulación y defensa letrada, modificación que se ha producido a través de la reforma del artículo 967.1 de la Ley de Enjuiciamiento Criminal efectuada por la Ley Orgánica 13/2015, una vez que ese efecto no deseado fue detectado por el legislador. En definitiva, la pretendida reducción de la carga de trabajo de los juzgados de instrucción se ha convertido, como consecuencia de ese error de legislador, en un incremento de la carga de estos juzgados.

B) LEY ORGÁNICA 5/2015

La Ley Orgánica 5/2015, de 27 de abril, por la que se modifican la Ley de Enjuiciamiento Criminal y la Ley Orgánica 6/1985, de 1 de julio, del Poder Judicial, para transponer la Directiva 2010/64/UE, de 20 de octubre de 2010, relativa al derecho a interpretación y a traducción en los procesos penales y la Directiva 2012/13/UE, de 22 de mayo de 2012, relativa al derecho a la información en los procesos penales.

En materia de interpretación, se introducen unos nuevos artículos 123, 124, 125, 126 y 127 de la Ley de Enjuiciamiento Criminal y un nuevo apartado 3 en el artículo 416.

En materia del derecho a la información, se modifican los artículos 118, 302, 505.3, 520 y 775 de la Ley de Enjuiciamiento Criminal.

La modificación del artículo 118 introducida por esta ley tuvo una vigencia brevísima, pues estuvo en vigor sólo desde el 28/10/2015 hasta el 1/11/2015, escasamente tres días. Nueva prueba de la falta de previsión del legislador y de las negativas consecuencias que provoca dejar las modificaciones impuestas por la normativa europea para el último momento.

Esta ley tuvo por objeto la transposición a nuestro ordenamiento interno de la Directiva 2010/64/UE del Parlamento Europeo y del Consejo, de 20 de octubre de 2010, relativa al derecho a interpretación y a traducción en los procesos penales y la Directiva 2012/13/UE del Parlamento Europeo y del Consejo, de 22 de mayo de 2012, relativa al derecho a la información en los procesos penales.

La transposición de estas Directivas, que desarrollan dos aspectos esenciales de la defensa en el proceso penal, exigió la modificación parcial de la Ley de Enjuiciamiento Criminal y conllevó un importante refuerzo de las garantías del proceso penal, mediante una regulación detallada del derecho a la traducción e interpretación en este proceso y del derecho del imputado a ser informado sobre el objeto del proceso penal de modo que permita un eficaz ejercicio del derecho a la defensa.

Modificaciones en materia de traducción e interpretación

El derecho a la traducción e interpretación para aquellas personas que no hablan o no entienden la lengua del procedimiento y las personas con discapacidad auditiva y sordociegas se consagra en el artículo 6 del Convenio Europeo de Derechos Humanos, según la interpretación efectuada por la jurisprudencia del Tribunal Europeo de Derechos Humanos. Las modificaciones introducidas en la Ley de Enjuiciamiento Criminal por la ley que se comenta tienen por objeto la aplicación de este derecho, garantizando el derecho del imputado o acusado a la interpretación y traducción en los procesos penales, así como el derecho a un juicio equitativo. No obstante, y como tantas veces ocurre desgraciadamente, la falta de medios materiales y personales para cumplir con todas las previsiones legales hará que los nuevos derechos pierdan gran parte de su virtualidad.

El derecho del imputado o acusado a ser asistido por un intérprete se extiende a todas las actuaciones en las que sea necesaria su presencia, incluyendo el interrogatorio policial o por el Ministerio Fiscal y todas las vistas judiciales. A fin de preparar la defensa, también tendrá derecho a servirse de un intérprete en las comunicaciones con su abogado que guarden relación directa con cualquier interrogatorio o vista judicial durante el proceso, o con la presentación de un recurso u otras solicitudes procesales.

El derecho a interpretación o traducción requiere, además, que se facilite al investigado la traducción de los documentos esenciales, o al menos, los pasajes pertinentes de dichos documentos.

La nueva regulación recoge que la traducción deberá hacerse en un plazo razonable, en consonancia con las exigencias del artículo 3 de la Directiva europea, y se posibilita el uso de las nuevas tecnologías para efectuar la interpretación, salvo que la presencia física del intérprete resulte necesaria para salvaguardar los derechos del imputado o acusado.

También se garantiza el derecho a recurrir la decisión por la que se deniegue el derecho a la interpretación o a la traducción, mediante la obligatoriedad de documentar por escrito la decisión judicial, así como la posibilidad de hacer constar en acta la protesta durante el juicio oral, lo que permitirá la interposición de los recursos correspondientes.

Los intérpretes o traductores judiciales serán designados entre aquellos incluidos en los listados elaborados por la Administración, facilitándose en casos de urgencia que otra persona conocedora del idioma, que se estime capacitada para esta tarea, pueda ser habilitada como intérprete o traductor eventual. Todo este sistema se refuerza mediante la habilitación al Juez o al Ministerio Fiscal para realizar las comprobaciones necesarias en aquellos casos en los que aprecie que la traducción o interpretación no ofrecen las garantías suficientes.

Modificaciones en materia de derecho a la información

El derecho a la información de las personas detenidas y de los imputados o acusados en el proceso penal (ahora, investigados) se fundamenta en lo dispuesto en los artículos 5 y 6 del Convenio Europeo de Derechos Humanos, según la interpretación efectuada por el Tribunal Europeo de Derechos Humanos.

En consecuencia, la ley que comentamos modificó el artículo 118 de la Ley de Enjuiciamiento Criminal, en el que se regulaba de forma sumamente parca el derecho de defensa, señalándose de forma clara y precisa que toda persona a la que se impute un acto punible tendrá derecho a ser informada de los hechos que se le imputan, así como de cualquier cambio relevante en el objeto de la investigación y en los hechos imputados; del derecho a examinar las actuaciones con la debida antelación para salvaguardar el derecho de defensa; del derecho a designar libremente abogado; del derecho a solicitar asistencia jurídica gratuita, procedimiento para hacerlo y condiciones para obtenerla; del derecho a la traducción e interpretación gratuitas; del derecho a guardar silencio y a no prestar declaración si no desea hacerlo y del derecho a no declarar contra sí mismo y a no confesarse culpable. Veremos todos estos derechos con mayor detenimiento más adelante.

Como se ha dicho anteriormente, la redacción que al artículo 118 de la Ley de Enjuiciamiento Criminal dio esta norma estuvo en vigor exclusivamente tres días, pues, como veremos, el texto del artículo 118 fue nuevamente modificado por la Ley Orgánica 13/2015.

El derecho a la información de los detenidos o presos se regula en el artículo 520 de la Ley de Enjuiciamiento Criminal. Este precepto ya recogía la mayor parte de derechos a los que hace referencia la Directiva 2012/13/UE, de 22 de mayo, relativa al derecho a la información en los procesos penales. Ahora bien, resultaba necesario completar el catálogo de derechos para adaptarlo a los postulados de la normativa europea, haciendo mención expresa, entre otros, al derecho de acceso a los elementos de las actuaciones que sean esenciales para impugnar la legalidad de la detención o privación de libertad, y al derecho a ser asistido gratuitamente por un intérprete, así como a la información del plazo máximo legal de duración de la detención hasta la puesta a disposición de la autoridad judicial y del procedimiento por medio del cual puede impugnar la legalidad de su detención.

Especial mención merece el derecho de acceso al expediente. Cuando se trata de investigados, el legislador ha considerado conveniente su incorporación en el artículo 118 de la Ley de Enjuiciamiento Criminal y en su artículo 302 se han recogido las excepciones a este derecho. En los casos del detenido o privado de libertad, el derecho de acceso se ha recogido en el artículo 520 de la Ley de Enjuiciamiento Criminal y su alcance se limita a aquellos elementos de las actuaciones que sean esenciales para impugnar la legalidad de la detención o privación de libertad. Se trata de proporcionar, con anterioridad a la interposición del recurso, únicamente aquella información que sea fundamental para que sea posible valorar la legalidad de la detención o privación de libertad.

Más adelante, se estudiará con detalle el contenido, interpretación y alcance de la reforma del artículo 520 de la Ley de Enjuiciamiento Criminal.

C) LEY 4/2015

La Ley 4/2015, de 27 de abril, del Estatuto de la víctima del delito, modificó los artículos 109, 110, 261, 281. 282, 284. 301, 334, 433, 448, 544 ter, 636, 680, 681, 682, 707, 709, 730, 773.2, 779.1, 785.3, 791.2 de la Ley de Enjuiciamiento Criminal e introdujo tres nuevos artículos: el 109 bis, el 301 bis, y 544 quinquies.

Las modificaciones introducidas por esta ley son de gran calado, pues de lo que se trataba era de elaborar una ley constitutiva del estatuto jurídico de la víctima del delito, ofreciendo desde los poderes públicos una respuesta lo más amplia posible, no sólo jurídica sino también social, a las víctimas, no sólo reparadora del daño en el marco de un proceso penal, sino también minimizadora de otros efectos traumáticos en lo moral que su condición puede generar, todo ello con independencia de su situación procesal.

De esta manera, el Estatuto de la Víctima del Delito tiene la vocación de ser el catálogo general de los derechos, procesales y extraprocesales, de todas las víctimas de delitos, no obstante las remisiones a normativa especial en materia de víctimas con especiales necesidades o con especial vulnerabilidad. Es por ello una obligación que, cuando se trate de menores, el interés superior del menor actúe a modo de guía para cualquier medida y decisión que se tome en relación a un menor víctima de un delito durante el proceso penal. En este sentido, la adopción de las medidas de protección del Título III, y especialmente la no adopción de las mismas, deben estar fundamentadas en el interés superior del menor.

El Estatuto parte de un concepto amplio de víctima, por cualquier delito y cualquiera que sea la naturaleza del perjuicio físico, moral o material que se le haya irrogado. Comprende a la víctima directa, pero también a víctimas indirectas, como familiares o asimilados. La norma viene a establecer un concepto de víctima omnicomprensivo, por cuanto se extiende a toda persona que sufra un perjuicio físico, moral o económico como consecuencia de un delito. También se reconoce la condición de víctima indirecta al cónyuge o persona vinculada a la víctima por una análoga relación de afectividad, sus hijos y progenitores, parientes directos y personas a cargo de la víctima directa por muerte o desaparición ocasionada por el delito, así como a los titulares de la patria potestad o tutela en relación a la desaparición forzada de las personas a su cargo, cuando ello determine un peligro relevante de victimización secundaria.

Por otro lado, la protección y el apoyo a la víctima no es sólo procesal, ni depende de su posición en un proceso, sino que cobra una dimensión extraprocesal. Se funda en un concepto amplio de reconocimiento, protección y apoyo, en aras a la salvaguarda integral de la víctima. Para ello, la reforma pretende ofrecer a la víctima las máximas facilidades para el ejercicio y tutela de sus derechos, con la minoración de trámites innecesarios que supongan la segunda victimización, otorgarle una información y orientación eficaz de los derechos y servicios que le corresponden, la derivación por la autoridad competente, un trato humano y la posibilidad de hacerse acompañar por la persona que designe en todos sus trámites, no obstante la representación procesal que proceda, entre otras medidas.

Las actuaciones han de estar siempre orientadas a la persona, lo que exige una evaluación y un trato individualizado de toda víctima, sin perjuicio del trato especializado que exigen ciertos tipos de víctimas.

Como ya se ha indicado, el reconocimiento, protección y apoyo a la víctima no se limita a los aspectos materiales y a la reparación económica, sino que también se extiende a su dimensión moral. Por otra parte, el reconocimiento, protección y apoyo a la víctima se otorga atendiendo, a su vez, a las especialidades de las víctimas que no residen habitualmente en nuestro país.

Los derechos que recoge la Ley serán de aplicación a todas las víctimas de delitos ocurridos en España o que puedan ser perseguidos en España, con independencia de la nacionalidad de la víctima o de si disfrutan o no de residencia legal.

Más adelante se tratará con más detalle esta reforma legal.

D) LEY ORGÁNICA 13/2015

La Ley Orgánica 13/2015, de 5 de octubre, de modificación de la Ley de Enjuiciamiento Criminal para el fortalecimiento de las garantías procesales y la regulación de las medidas de investigación tecnológica, modifica los artículos 118, 282, 509, 520, 527, 579, 967.1, así como la rúbrica del Título VIII del Libro II e introduce numerosos nuevos artículos (520 ter, 579 bis, en el Título VIII del Libro II un nuevo Capítulo IV, 588 bis a) a 588 bis k), 588 ter a) a 588 ter m), 588 quater a) a 588 quater e), 588 quinquies a) a 588 quinquies c), 588 sexies a) a 588 sexies c), 588 septies a) a 588 septies c) y 588 octies)

También en esta Ley se sustituyen los términos imputado o procesado por investigado o encausado.

Sin perjuicio de que más adelante se tratará en extenso y con detalle las modificaciones introducidas por esta Ley, se indican a continuación las características generales de la reforma.

A pesar de que en la exposición de motivos de la Ley se hace referencia, como causa inmediata de su promulgación, a la apreciación, por parte del legislador, de la necesidad de regular en un texto legal con suficiente rango normativo las llamadas medidas de investigación tecnológica en el proceso penal, puesto que hasta ese momento dichas medidas venían siendo aplicadas en la práctica en base a la jurisprudencia de los tribunales, tanto del Tribunal Supremo como de las audiencias provinciales, lo cierto es que la causa inmediata de esta modificación legal fueron las innumerables advertencias del Tribunal Constitucional sobre la manifiesta insuficiencia de la regulación legal en esta materia, lo que afectaba al principio de reserva legal para la afectación de los derechos fundamentales en el proceso penal. Falta de previsión legal que ya había provocado varias condenas de España por el Tribunal Europeo de Derechos Humanos y que, finalmente, provocó que el Tribunal Constitucional, en sentencia 145/14, de 22 de septiembre, advirtiera por última vez a legislador de que no podía seguir manteniendo este vacío normativo que vulneraba, claramente, los derechos fundamentales de los ciudadanos. La mencionada sentencia del Tribunal Constitucional estimó el amparo planteado por un ciudadano frente a la sentencia del Tribunal Supremo 513/2010, que a su vez confirmó la sentencia de la Audiencia Provincial de Zaragoza de 10 de junio de 2009 en la que se condenaba a una persona sobre la base de unas conversaciones cuya grabación en los calabozos policiales se había autorizado por el juez de Instrucción mediante resolución motivada en la que se aplicaba analógicamente la disposición de la Ley de Enjuiciamiento Criminal en materia de intervención de las comunicaciones telefónicas, concluyendo el Tribunal Constitucional que dicha aplicación analógica no era constitucionalmente admisible y que en este caso no nos encontrábamos ante un supuesto de insuficiencia legal que pudiera ser completado mediante las reglas interpretativas de las normas jurídicas contenidas en el Código Civil sino ante un caso de inexistencia de norma que permitiera al Juez de Instrucción adoptar la medida de investigación mencionada, lo que, en definitiva, determinó la revocación de la condena y la ineficacia de otras actuaciones judiciales en curso en la que se habían, igualmente, adoptado ese tipo de medidas, con los perniciosos efectos que dicha falta de norma legal habilitante tenía para la persecución eficaz pero con todas las garantías de los delincuentes.

La exposición de motivos confirma lo anteriormente explicado al decir que *"por muy meritorio que haya sido el esfuerzo de jueces y tribunales para definir los límites del Estado en la investigación del delito, el abandono a la creación jurisprudencial de lo que ha de ser objeto de regulación legislativa ha propiciado un déficit en la calidad democrática de nuestro sistema procesal, carencia que tanto la dogmática como instancias supranacionales han recordado. Recientemente, el Tribunal Constitucional ha apuntado el carácter inaplazable de una regulación que aborde las intromisiones en la privacidad del investigado en un proceso penal. Hoy por hoy, carecen de cobertura y su subsanación no puede obtenerse acudiendo a un voluntarista expediente de integración analógica que desborda los límites de lo constitucionalmente aceptable. Solo así se podrá evitar la incidencia negativa que el actual estado de cosas está proyectando en relación con algunos de los derechos constitucionales que pueden ser objeto de limitación en el proceso penal"*.

Esta Ley modifica la Ley de Enjuiciamiento Criminal en dos aspectos o materias: la regulación del derecho de defensa y las llamadas medidas de investigación tecnológica en el ámbito de los derechos a la intimidad, al secreto de las comunicaciones y a la protección de datos personales garantizados por la Constitución. Nótese que una ley anterior, tal y como hemos visto, también modificó la Ley de Enjuiciamiento Criminal en materia de derecho de defensa, por lo que en menos de un año nuestra vetusta Ley de Enjuiciamiento Criminal se modificó en dos ocasiones para fortalecer dicho derecho, y ello por exigencias del derecho de la Unión Europea.

Sin perjuicio de que más adelante se tratará en extenso y con detalle las modificaciones introducidas por esta Ley, se adelantan, de forma resumida, las principales modificaciones que la norma contiene.

Modificaciones en materia de derecho de defensa

Resultaba necesario transponer en el ordenamiento interno la Directiva 2013/48/UE del Parlamento Europeo y del Consejo, de 22 de octubre de 2013, sobre el derecho a la asistencia de letrado en los procesos penales y en los procedimientos relativos a la orden de detención europea, y sobre el derecho a que se informe a un tercero en el momento de la privación de libertad y a comunicarse con terceros y con autoridades consulares durante la privación de libertad. Para ello se modifican los artículos 118, 509, 520 y 527 y se introduce un nuevo artículo 520 ter en la Ley de Enjuiciamiento Criminal con la introducción de las previsiones que el Derecho de la Unión Europea requiere, entre las que destaca el régimen de asistencia de abogado al detenido.

El derecho a la asistencia letrada en los procesos penales, el derecho a que se informe de la privación de libertad a un tercero y el derecho a comunicarse con terceros y con autoridades consulares durante la privación de libertad se fundamentan en lo dispuesto en los artículos 3, 5, 6 y 8 del Convenio Europeo de Derechos Humanos, según la interpretación efectuada por el Tribunal Europeo de Derechos Humanos. Por esta razón, se modificó el artículo 118 de la Ley de Enjuiciamiento Criminal, en el que se regula el derecho de defensa (que ya había sido modificado por una norma anterior, tal y como hemos visto, de forma que la redacción dada a dicho precepto por esa norma anterior tuvo una vigencia de escasamente tres días), reconociéndose de forma clara y precisa que toda persona a la que se atribuya la comisión de un acto punible podrá ejercitar su derecho de defensa, sin más limitaciones que las previstas en la ley, fijándose como marco temporal para el ejercicio de este derecho desde la atribución del hecho punible investigado hasta la misma extinción de la pena. Es contenido esencial del derecho de defensa la asistencia de un abogado de libre designación o, en su defecto, de un abogado de oficio, con el que podrá comunicarse y entrevistarse reservadamente en cualquier momento desde que se le atribuya la realización de un hecho punible y que estará presente en todas sus declaraciones y en cuantas diligencias de reconocimiento, careo o reconstrucción de hecho se practiquen.

Especial mención requiere la cuestión relativa al reconocimiento de la confidencialidad de las comunicaciones entre el investigado o encausado y su abogado, que sólo podrá ser limitada cuando concurran indicios objetivos de la participación del abogado en el hecho delictivo investigado. Fuera de ese caso, las comunicaciones entre abogado y cliente son absolutamente opacas para el Estado y sus instrumentos de persecución del delito.

Todos los derechos del investigado o encausado se facilitarán en lenguaje comprensible y adaptado a las circunstancias personales del destinatario, teniendo en cuenta la edad, grado de madurez o discapacidad.

Cuando se trata de personas que han sido detenidas o privadas de libertad, estos derechos se recogen en el artículo 520 de la Ley de Enjuiciamiento Criminal, que se adapta a las exigencias de la normativa europea, haciendo mención expresa, entre otros, al derecho del detenido a designar abogado, con el que podrá entrevistarse reservadamente, incluso antes de que se le reciba declaración por la policía, el fiscal o la autoridad judicial. En caso de que, debido a la lejanía geográfica, no sea posible la inmediata asistencia de letrado, se facilitará al detenido comunicación telefónica o por videoconferencia con aquél, salvo que dicha comunicación sea imposible. También se regula el derecho a poner en conocimiento de un familiar su privación de libertad, el derecho a comunicarse telefónicamente con un tercero de su elección y el derecho a comunicarse con las autoridades consulares, en caso de detenidos o presos extranjeros.

En este precepto, a fin de completar el estatuto del investigado detenido, se establece la obligación de que el atestado policial refleje el lugar y hora de la detención y de la puesta a disposición judicial o en libertad. Con la finalidad de asegurar los derechos constitucionales al honor, intimidad e imagen del detenido, y siguiendo la doctrina del Tribunal Europeo de Derechos Humanos que exige que la detención sea respetuosa con la dignidad humana y que no constituya un gravamen mayor que el que de por sí implica la propia detención, esta ley llevó al texto legal la obligación de que quienes la acuerden, así como los encargados de practicarla, velen por esos derechos, como de hecho ya recordaban Instrucciones de la Fiscalía General del Estado y del Ministerio del Interior. Dicha protección no puede perder de vista, sin embargo, el respeto al derecho fundamental a la información, en los términos establecidos en el artículo 20 de la Constitución y según la doctrina del Tribunal Constitucional, como manifestación del Estado de Derecho.

La denominada «prisión incomunicada» también es objeto de revisión en esta reforma, al objeto de adecuarla a las exigencias del Derecho de la Unión Europea. La nueva regulación del artículo 527 permite aplicar esta modalidad de detención cuando concurran los presupuestos legalmente previstos de acuerdo con la nueva redacción dada al artículo 509. Además, se faculta al juez para limitar algunos derechos según las necesidades de cada caso, sin que esta restricción opere automática e indiferenciadamente respecto de todos, y por el tiempo estrictamente imprescindible.

En relación a los menores, la reforma dispone que se comunique el hecho y el lugar de custodia lo antes posible a quienes ejerzan la patria potestad, la tutela o la guarda de hecho de aquellos, y serán puestos a disposición de las Secciones de Menores de la Fiscalía. En caso de existir un conflicto de intereses entre los menores y aquellos que ejerzan la patria potestad, tutela o guarda de hecho, se le nombrará un defensor judicial al que le será suministrada aquella información.

En el caso de las personas con la capacidad modificada judicialmente, se informará a quienes ejerzan la tutela o guarda de hecho de aquellas, y se dará cuenta de ello al Ministerio Fiscal.

Por último, se introduce una regla específica para las detenciones en espacios marinos alejados del territorio español, dando respuesta a las situaciones que venían produciéndose ante la falta de previsión legal para estos supuestos.

Modificaciones en materia de investigación tecnológica

— La **detención y apertura de la correspondencia escrita y telegráfica** se actualiza en un nuevo artículo 579, donde se acota su ámbito material de aplicación, al tiempo que se regulan los plazos máximos de duración y las excepciones a la necesidad de autorización judicial, de acuerdo con una consolidada doctrina jurisprudencial.

En particular, y en cuanto al primero de los aspectos destacados, la reforma opta, frente a otros modelos comparados que acogen una enumeración casuística de los delitos que autorizan este medio de investigación, por exigir la concurrencia, no cumulativa, de cualquiera de los tres requisitos que se definen en el apartado 1 de dicho artículo y servirán de referencia para fijar el ámbito de aplicación de otras medidas de investigación.

El primero de ellos opera como una limitación genérica, de carácter cuantitativo, ligada a la gravedad de la pena: delitos dolosos castigados con pena con límite máximo superior a los tres años de prisión. Junto a este presupuesto se añaden otros dos: que se esté en presencia de delitos cometidos en el seno de un grupo u organización criminal, o que se trate de delitos de terrorismo.

Se introduce un nuevo artículo 579 bis, relativo a la utilización del resultado de esta diligencia en otro proceso penal distinto, en particular en cuanto al tratamiento de los denominados *«hallazgos casuales»;* y a la continuación de la medida en aquel otro proceso, para lo que se requerirá un nuevo auto judicial que convalide esta situación. Esta previsión servirá de pauta para el resto de medidas de investigación tecnológica.

Las demás medidas de investigación tecnológica son objeto de atención en los Capítulos V a VII del Título VIII del Libro II de la Ley de Enjuiciamiento Criminal, y a todas ellas resultan de aplicación las ***disposiciones comunes*** introducidas en el Capítulo IV. Se ha reordenado la sistemática tradicional de ese título con el fin de dar cabida a la inaplazable regulación de esta materia. No obstante, desde el punto de vista de la técnica legislativa, la reforma es claramente criticable y ello por cuanto, como consecuencia de haberse recogido parcialmente previsiones que estaban en el código procesal penal que no vio la luz por falta de consenso entre los grupos políticos, se han introducido como disposiciones generales para todo tipo de medidas de investigación tecnológica exigencias que, claramente, no son predicables de todas esas medidas y sí sólo de algunas, con todos los problemas de interpretación que ello implica, por no hablar de las dilaciones que esas exigencias, lógicas y necesarias para adoptar medidas que suponen graves restricciones de derechos fundamentales, singularmente el derecho a la intimidad y el derecho al secreto de las comunicaciones, pueden suponer cuando no son necesarias para regular otras medidas de investigación que, o bien afectan mucho menos intensamente ambos derechos, o bien no afectan a esos derechos y sí a otros cuya protección constitucional es de mucha menor entidad y que, por lo tanto, no justifican muchas de las previsiones contenidas en las disposiciones generales aplicables a todo ese tipo de medidas.

En consecuencia, y a pesar de que el deseo del legislador era limitar la dependencia a la jurisprudencia del Tribunal Supremo y del Tribunal Constitucional en este tipo de cuestiones, serán ambos tribunales quienes determinen qué disposiciones generales serán aplicables a determinadas medidas de investigación y cuáles no, con lo que, en cierta medida, nuevamente nos encontraremos ante la situación anterior a la reforma, todo lo cual evidencia la urgente necesidad de que el legislador promulgue un auténtico código procesal penal que evite este tipo de disfunciones.

En todo caso, la reforma introduce en la Ley de Enjuiciamiento Criminal los principios que el Tribunal Constitucional ha definido como determinantes de la validez del acto de injerencia. Así, toda medida deberá responder al principio de especialidad. Ello exige que la actuación de que se trate tenga por objeto el esclarecimiento de un hecho punible concreto, prohibiéndose las medidas de investigación tecnológica de naturaleza prospectiva, de acuerdo con el concepto que informa la doctrina emanada del máximo intérprete de la Constitución, por todas la sentencia 253/2006, de 11 de septiembre.

Las medidas de investigación tecnológica deben, además, satisfacer los principios de idoneidad, excepcionalidad, necesidad y proporcionalidad, cuya concurrencia debe encontrarse suficientemente justificada en la resolución judicial habilitadora, donde el juez determinará la naturaleza y extensión de la medida en relación con la investigación concreta y con los resultados esperados.

La reforma no abandona los ***aspectos formales*** de la solicitud y del contenido de la resolución judicial habilitante. La práctica forense no era ajena a casos de solicitudes policiales y de ulteriores resoluciones judiciales que adolecían de un laconismo argumental susceptible de vulnerar el deber constitucional de motivación. A evitar ese efecto se orienta la minuciosa regulación del contenido de esa solicitud, así como de la resolución judicial que, en su caso, habilite la medida de injerencia. Las disposiciones comunes se extienden, igualmente, a las demás cuestiones de forma, tales como la solicitud de prórroga, las reglas generales de duración, el secreto, el control de la medida, la afectación a terceras personas, la utilización de información en procedimiento distinto, el cese de la medida o la destrucción de registros. Cada diligencia modulará algunos de estos aspectos y se regirá por reglas específicas propias de su propia particularidad.

— En relación con la **interceptación de las comunicaciones telefónicas y telemáticas,** en la determinación del ámbito material de aplicación se sigue el mismo criterio ya evidenciado más arriba por remisión, aunque se suman a la lista de delitos los cometidos por medio de instrumentos informáticos o de cualquier otra tecnología de la información o la telecomunicación.

En la nueva regulación se confiere sustantividad propia a otras formas de comunicación telemática que han carecido de tratamiento normativo en la ley procesal. Las dificultades asociadas a ese vacío se han visto multiplicadas en la práctica por una interpretación jurisprudencial de la legislación llamada a reglar la obligación de las operadoras de conservar los datos generados por las comunicaciones electrónicas, que ha degradado los muy extendidos instrumentos de comunicación telemática –por ejemplo, los mensajes de SMS o el correo electrónico– a la condición de aspectos accesorios, de obligado sacrificio siempre que se adopte una decisión jurisdiccional de intervención telefónica. Frente a esta concepción, el nuevo texto legal autoriza la intervención y registro de las comunicaciones de cualquier clase que se realicen a través del teléfono o de cualquier otro medio o sistema de comunicación telemática, lógica o virtual, pero somete la interceptación de todas ellas a los principios generales que el texto proclama. Se pretende, con ello, que sea el propio juez, ponderando la gravedad del hecho que está siendo objeto de investigación, el que determine el alcance de la injerencia del Estado en las comunicaciones particulares. La resolución habilitante, por tanto, deberá precisar el ámbito objetivo y subjetivo de la medida. Es decir, tendrá que motivar, a la luz de aquellos principios, si el sacrificio de las comunicaciones telefónicas no es suficiente y si la investigación exige, además, la interceptación de los SMS, MMS o cualquier otra forma de comunicación telemática de carácter bidireccional.

Se establece un plazo de tres meses como duración máxima inicial de la intervención, plazo que es susceptible de ampliación y prórroga, previa petición razonada por períodos sucesivos de igual duración, hasta un máximo temporal de dieciocho meses, siempre que subsistan las causas que motivaron aquella. De esta forma se busca un equilibrio entre la necesidad de valerse de estas diligencias para la investigación de los delitos más graves para la sociedad y la importancia de definir unos límites cronológicos que no prolonguen de forma innecesaria la interferencia de los poderes públicos en la privacidad de los ciudadanos afectados por la medida.

Con el fin de asegurar la autenticidad e integridad de los soportes puestos a disposición del juez, se impone la utilización de un sistema de sellado o firma electrónica que garantice la información volcada desde el sistema central. Esta medida es paralela a la exigida en otros órdenes jurisdiccionales para la plena validez de los documentos aportados al proceso en formato electrónico y acoge una línea jurisprudencial de la Sala Segunda del Tribunal Supremo.

Se completa la regulación con un precepto destinado a fijar los términos del borrado y eliminación de las grabaciones originales, una vez se ponga término al procedimiento. Se pretende con ello evitar toda difusión de un material que, por su propio contenido, podría dañar de forma irreparable la intimidad del afectado.

— En la investigación de algunos hechos delictivos, la incorporación al proceso de los ***datos electrónicos de tráfico o asociados*** puede resultar de una importancia decisiva. La reforma acoge el criterio fijado por la Ley 25/2007, de 18 de octubre, de conservación de datos relativos a las comunicaciones electrónicas y a las redes públicas de comunicaciones, e impone la exigencia de autorización judicial para su cesión a los agentes facultados, siempre que se trate de datos vinculados a procesos de comunicación. Su incorporación al proceso solo se autoriza cuando se trate de la investigación de un delito que, por razones vinculadas al principio de proporcionalidad, sea de los que justifican el sacrificio de la inviolabilidad de las comunicaciones. Se da un tratamiento jurídico individualizado al acceso por agentes de policía al IMSI, IMEI, dirección IP y otros elementos de identificación de una determinada tarjeta o terminal, en consonancia con una jurisprudencia del Tribunal Supremo ya consolidada sobre esta materia. También se regula el supuesto de la cesión de datos desvinculados de los procesos de comunicación concernientes a la titularidad o identificación de un dispositivo electrónico, a los que podrá acceder el Ministerio Fiscal o la Policía Judicial en el ejercicio de sus funciones sin necesidad de autorización judicial.

— La experiencia demuestra que, en la investigación de determinados delitos, la ***captación y grabación de comunicaciones orales*** abiertas mediante el empleo de dispositivos electrónicos puede resultar indispensable. Se trata de una materia hasta ahora ausente de la regulación del proceso penal y cuyo alcance se aborda con sujeción a dos ideas clave. La primera, la exigencia de que sea el juez de instrucción el que legitime el acto de injerencia; la segunda, la necesidad de que los principios rectores de especialidad, excepcionalidad, idoneidad, necesidad y proporcionalidad actúen como elementos de justificación de la medida. Esta medida solo podrá acordarse para encuentros concretos que vaya a mantener el investigado, debiéndose identificar con precisión el lugar o dependencias sometidos a vigilancia. Por tanto, no caben autorizaciones de captación y grabación de conversaciones orales de carácter general o indiscriminado, y, en consecuencia, el dispositivo de escucha y, en su caso, las cámaras a él asociadas, deberán desactivarse tan pronto finalice la conversación cuya captación fue permitida, como se desprende del artículo 588 quater c).

— La reforma aborda también la regulación de la utilización de **dispositivos técnicos de seguimiento y localización**. La incidencia que en la intimidad de cualquier persona puede tener el conocimiento por los poderes públicos de su ubicación espacial, hace que la autorización para su práctica se atribuya al juez de instrucción. En el mismo capítulo se habilita la grabación de la imagen en espacio público sin necesidad de autorización judicial, en la medida en que no se produce afectación a ninguno de los derechos fundamentales del artículo 18 de nuestro texto constitucional.

— La ley pretende acabar con otro vacío normativo. Se trata del **registro de dispositivos informáticos de almacenamiento masivo y el registro remoto de equipos informáticos**. Respecto del primero de ellos, la reforma descarta cualquier duda acerca de que esos instrumentos de comunicación y, en su caso, almacenamiento de información son algo más que simples piezas de convicción. De ahí la exigente regulación respecto del acceso a su contenido. Por lo que afecta al registro remoto –diligencia ya presente en buena parte de las legislaciones europeas–, el intenso grado de injerencia que implica su adopción justifica que incluso se refuerce el ámbito objetivo de la medida, para lo que se han acotado con un listado *numerus clausus* los delitos que la pueden habilitar, y a que se limite la duración temporal, habiéndose optado por una duración de un mes prorrogable como máximo por iguales periodos de tiempo hasta los tres meses.

— Finalmente y por lo que se refiere a las diligencias de investigación tecnológica, la reforma contempla como medida de aseguramiento la **orden de conservación de datos**, cuyo fin es garantizar la preservación de los datos e informaciones concretas de toda clase que se encuentren almacenados en un sistema informático hasta que se obtenga la autorización judicial correspondiente para su cesión. De este modo su posterior aportación como medio de prueba o, en su caso, su análisis forense no se verá frustrado por la desaparición, alteración o deterioro de unos elementos inherentemente volátiles. Esta norma toma como referencia el artículo 16 del Convenio sobre la Ciberdelincuencia, de 23 de noviembre de 2001, ratificado por España el 20 de mayo de 2010, y se establece un plazo máximo de vigencia de la orden de noventa días prorrogable hasta que se autorice la cesión o se cumplan ciento ochenta días.

— En otro orden de cosas, la reforma también incluye disposiciones relativas al uso, por parte del **agente encubierto**, de las anteriores medidas de investigación tecnológica en las tareas que tiene encomendadas. En concreto, de una parte, se prevé la posibilidad de que los agentes encubiertos puedan obtener imágenes y grabar conversaciones, siempre que recaben específicamente una autorización judicial para ello; y de otra, se regula la figura del agente encubierto informático, que requiere autorización judicial para actuar en canales cerrados de comunicación (puesto que en los canales abiertos, por su propia naturaleza, no es necesaria) y que a su vez, requerirá una autorización especial (sea en la misma resolución judicial, con motivación separada y suficiente, sea en otra distinta) para intercambiar o enviar archivos ilícitos por razón de su contenido en el curso de una investigación.

Modificaciones en materia terminológica

La reforma también tiene por objeto adaptar el lenguaje de la Ley de Enjuiciamiento Criminal a los tiempos actuales y, en particular, eliminar determinadas expresiones usadas en la ley, tales como imputado, con la que se alude a la persona sobre la que tan sólo recaen meras sospechas y por ello resulta investigado, pero respecto de la cual no existen suficientes indicios para que se le atribuya judicial y formalmente la comisión de un hecho punible. A tal fin se convocó la Comisión para la Claridad del Lenguaje Jurídico, cuyas recomendaciones fueron tenidas en cuenta en la redacción de los preceptos de esta ley. Entre sus conclusiones se encuentra la necesidad de evitar las connotaciones negativas y estigmatizadoras de esa expresión, acomodando el lenguaje a la realidad de lo que acontece en cada una de las fases del proceso penal, razones que han llevado a la sustitución del vocablo imputado por otros más adecuados, como son investigado y encausado, según la fase procesal. Y así, el primero de esos términos servirá para identificar a la persona sometida a investigación por su relación con un delito; mientras que con el término encausado se designará, de manera general, a aquél a quien la autoridad judicial, una vez concluida la instrucción de la causa, imputa formalmente el haber participado en la comisión de un hecho delictivo concreto.

Lo cierto es que, a pesar de las explicaciones que se ofrecen sobre esta modificación legal en la exposición de motivos de la ley, la razón última de dicha modificación ha sido el negativo efecto que para políticos sometidos a un proceso penal tiene el uso, por parte de los medios de comunicación, del término *"imputado"*, cuyo significado peyorativo, claramente alejado del real significado en el ámbito judicial de dicha expresión, ha provocado esta modificación legal. Nuevamente, y como en otras ocasiones anteriores ha ocurrido, no ha sido el interés general sino el interés particular de la clase política la que ha motivado una modificación legal, puesto que durante años cientos de miles de ciudadanos han sido *"imputados"* por los jueces de instrucción y el legislador nunca ha considerado necesario modificar la denominación de su situación procesal.

E) LEY 41/2015

La Ley 41/2015, de 5 de octubre, de modificación de la Ley de Enjuiciamiento Criminal para la agilización de la justicia penal y el fortalecimiento de las garantías procesales modifica los artículos 14.3, 17, 284, 295, 324, 790.2, 792, 847, 848, 889, 954, 964.1 y 985; añade los nuevos artículos 803 bis a) a 803 bis j) y 846 ter y suprime el artículo 300.

Esta ley regula las cuestiones que no requieren desarrollo mediante Ley Orgánica y se tramitó de forma paralela a la anteriormente mencionada.

Las materias afectadas son las siguientes: a) el intento de agilizar la justicia penal, b) la regulación de un procedimiento de decomiso autónomo, c) la instauración general de la segunda instancia penal, d) la ampliación del recurso de casación y e) la reforma del recurso extraordinario de revisión.

Disposiciones de agilización de la justicia penal

En relación a ésta cuestión, la Ley introduce las siguientes modificaciones:

a) la modificación de las reglas de conexidad y su aplicación al determinar la competencia de los tribunales; b) la reforma del régimen de remisión por la Policía Judicial a los juzgados y al Ministerio Fiscal de los atestados relativos a delitos sin autor conocido; c) la fijación de plazos máximos para la instrucción, lo que se ha pretendido con la modificación del artículo 324 y la supresión del artículo 300; modificación que ha provocado numerosos problemas interpretativos y de aplicación práctica, tal como se desarrollará más adelante; y d) la regulación de un procedimiento monitorio penal.

La reforma de las reglas de conexidad pretende suponer una racionalización de los criterios de conformación del objeto del proceso, con el fin de que tengan el contenido más adecuado para su rápida y eficaz sustanciación. Con ello se pretende evitar el automatismo en la acumulación de causas y la elefantiasis procesal que se pone de manifiesto en los denominados macroprocesos. La acumulación por conexión solo tiene sentido si concurren ciertas circunstancias tasadas que se expresan en el artículo 17.1 y 2 de la Ley de Enjuiciamiento Criminal, cuando el conocimiento de los asuntos por separado no resulte más aconsejable. Esta valoración de la concurrencia de las reglas y condiciones de conexidad corresponde en exclusiva al juez instructor. La novedad de la reforma consiste en establecer que la simple analogía o relación entre sí no constituye una causa de conexión y solo se justifica la acumulación cuando, a instancia del Ministerio Fiscal, en su condición de defensor de la legalidad y del interés público, el juez lo considere más conveniente para el esclarecimiento de los hechos y la determinación de las responsabilidades procedentes, salvo que suponga excesiva complejidad o dilación para el proceso, y siempre que con ello no se altere la competencia. Así, además, se evitará el frecuente trasiego de causas entre distintos juzgados a la búsqueda del que deba conocer del asunto por una simple coincidencia de la persona a la que se atribuyen distintos delitos.

También constituye una medida de agilización, sencilla de llevar a la práctica, la consistente en evitar el uso de los recursos humanos y materiales de la Administración de Justicia para gestionar los atestados policiales sin autor conocido, pues dan lugar en los juzgados a innecesarias aperturas de diligencias que son de inmediato archivadas, previo visto del Ministerio Fiscal. Para garantizar un adecuado control judicial basta con que dichos atestados sean conservados por la Policía Judicial a disposición de jueces y fiscales. No obstante, la remisión a la autoridad judicial será preceptiva en todo caso respecto a materias especialmente sensibles, como son los delitos contra la vida, contra la integridad física, contra la libertad e indemnidad sexual o los delitos relacionados con la corrupción. Deberán también remitirse todos los atestados en los que, pasadas las primeras setenta y dos horas, la Policía Judicial practique cualquier diligencia tendente a la identificación del autor, siempre que arroje algún resultado. Se trata de garantizar que no habrá investigaciones autónomas de la policía, pero evitar también que todas las causas terminen recalando en los juzgados cuando no exista avance respecto de la situación inicial.

Por otro lado, para la finalización de la instrucción, se sustituye el plazo de un mes del artículo 324 de la Ley de Enjuiciamiento Criminal, que en la práctica nunca era respetado, por plazos máximos cuyo transcurso sí provoca consecuencias procesales. Se distinguen los asuntos sencillos de los complejos, correspondiendo su calificación inicial al órgano instructor. Se prevé la posibilidad de la prórroga de estos últimos a instancia del Ministerio Fiscal y, en todo caso, oídas las partes personadas, y, para todos los supuestos, de una prórroga excepcional a instancia de cualquiera de las partes personadas y oídas las demás, con mucha flexibilidad, pero de forma que finalmente exista un límite temporal infranqueable en el que el sumario o las diligencias previas hayan de concluir y haya de adoptarse la decisión que proceda, bien la continuación del procedimiento ya en fase intermedia, bien el sobreseimiento de las actuaciones. No obstante, el sistema prevé reglas de adecuación de los plazos a la realidad de la instrucción, de modo que una causa inicialmente declarada sencilla pueda transformarse en compleja, y que situaciones como la declaración del secreto de las actuaciones, lo que de hecho ocurrirá en el supuesto de intervención de las comunicaciones, no afecten al cómputo de los plazos, toda vez que en este caso se verá interrumpido. Otro tanto sucederá si el instructor acuerda el sobreseimiento provisional al considerar que no puede avanzarse de forma positiva en la tramitación de la causa por cualesquiera circunstancias.

Adicionalmente, se establece el proceso por aceptación de decreto. Se trata de un procedimiento monitorio penal que permite la conversión de la propuesta sancionadora realizada por el Ministerio Fiscal en sentencia firme cuando se cumplen los requisitos objetivos y subjetivos previstos y el encausado da su conformidad, con preceptiva asistencia letrada. Siguiendo un modelo usado en el Derecho comparado, se instaura un mecanismo de aceleración de la justicia penal para descongestionar los órganos judiciales y para dispensar una rápida respuesta punitiva ante delitos de escasa gravedad, cuya sanción pueda quedar en multa o trabajos en beneficio de la comunidad, totalmente respetuoso con el derecho de defensa. El objetivo de esta reforma es el establecimiento de un cauce de resolución anticipada de las causas penales para delitos de menor entidad, aplicable con independencia del procedimiento que les corresponda. Resulta, pues, aplicable tanto a los delitos leves como a los delitos menos graves que se encuentren dentro de su ámbito material de aplicación, a instancia del Ministerio Fiscal y antes de la conclusión de la fase de instrucción. También responde a la posibilidad de culminar la fase de diligencias de investigación del Ministerio Fiscal con una elevación de las actuaciones al juzgado de instrucción que implique no ya la puesta en conocimiento del hecho sino, de facto, la solicitud de la sentencia y pena correspondiente.

Según la exposición de motivos de la ley, su efectiva aplicación iba a implicar una reducción significativa de las instrucciones y ulteriores juicios orales, lo que redundaría también en beneficio del acortamiento de la denominada «fase intermedia» de los procedimientos. Pero lo cierto es que, en la práctica y tras casi un año de entrada en vigor de este nuevo procedimiento, este proceso por aceptación de decreto no está teniendo ninguna incidencia en los órganos de Instrucción penal porque el Ministerio Fiscal no está haciendo uso de esta nueva facultad procesal, lo cual, por otra parte, es completamente lógico si tenemos en cuenta que ya existe un procedimiento ágil, con todas las garantías y que está funcionando perfectamente desde hace años, cual es el procedimiento para el enjuiciamiento rápido de determinados delitos, que hace que este procedimiento monitorio de nuevo cuño esté abocado al más absoluto fracaso en la práctica del día a día de nuestros juzgados y tribunales.

Finalmente, ha de indicarse que la necesidad de establecer en el ordenamiento español un cauce legal de cumplimiento de las sentencias dictadas por el Tribunal Europeo de Derechos Humanos, hasta ahora sin otra cobertura que la interpretación jurisprudencial, ha conllevado la reforma de los motivos del recurso de revisión, en el marco de la mejora técnica de los diversos supuestos y con inclusión también de la posibilidad de impugnación de sentencias penales que puedan resultar contradictorias con la dictada posteriormente en otro orden jurisdiccional acerca de una cuestión prejudicial no devolutiva y de las sentencias dictadas en los procedimientos de decomiso autónomo en el caso de que la ulterior sentencia penal recaída en el procedimiento principal no considerara acreditado el hecho delictivo que habilitó el decomiso.

LA REFORMA DEL ARTÍCULO 520 DE LA LEY DE ENJUICIAMIENTO CRIMINAL

Ésta es, seguramente, la reforma que más incidencia ha tenido en el trabajo diario de las fuerzas y cuerpos de seguridad, pues el mencionado artículo contiene los derechos de las personas detenidas o presas y diariamente es objeto de aplicación en las centenares de detenciones que se practican por parte de las diferentes policías, bien sean estatales, autonómicas o locales.

El artículo, además, fue modificado por dos de las leyes a las que nos hemos referido con anterioridad, si bien la primera de dichas modificaciones, la introducida por la Ley Orgánica 5/2015, de 27 de abril, por la que se modifican la Ley de Enjuiciamiento Criminal y la Ley Orgánica 6/1985, de 1 de julio, del Poder Judicial, para transponer la Directiva 2010/64/UE, de 20 de octubre de 2010, relativa al derecho a interpretación y a traducción en los procesos penales y la Directiva 2012/13/UE, de 22 de mayo de 2012, relativa al derecho a la información en los procesos penales, únicamente tuvo una vigencia de tres días, puesto que entró en vigor el día 28 de octubre de 2015 y fue derogada, sustituyéndose su redacción por la actualmente vigente, como consecuencia de la entrada en vigor, el día 1 de noviembre de 2015, de la modificación introducida por la Ley Orgánica 13/2015, de 5 de octubre, de modificación de la Ley de Enjuiciamiento Criminal para el fortalecimiento de las garantías procesales y la regulación de las medidas de investigación tecnológica. Como se ve, todo un récord de vigencia de un artículo de la Ley de Enjuiciamiento Criminal provocado por una absoluta falta de sistemática en las reformas sufridas por nuestra vetusta Ley procesal penal en el año 2015.

Obviamente, en este temario se estudiará la redacción actualmente vigente de dicho precepto y para ello compararemos la redacción anterior, que databa del año 1997, y la actual, obviando el texto que estuvo en vigor tres días para evitar confusiones y porque, en definitiva, la modificación introducida en el artículo que ahora estudiamos por la Ley Orgánica 13/2015 se limitó a añadir cosas, sin suprimir las novedades introducidas por la Ley Orgánica 5/2015.

A) EL RESPETO A LOS DERECHOS AL HONOR, LA INTIMIDAD Y LA PROPIA IMAGEN

La primera modificación introducida se refiere a la obligación de quienes acuerdan y practican una detención, así como de quienes realizan los ulteriores traslados de la persona detenida, de velar por los derechos constitucionales al honor, la intimidad y la propia imagen de los detenidos, en cualquier caso con respeto al derecho fundamental a la libertad de información. Esta modificación parecería, en principio, superflua por cuanto la redacción anterior de este precepto ya indicaba expresamente, y sigue indicando en la actualidad, que la detención y la prisión provisional deberían practicarse en la forma que menos perjudicara al detenido o preso en su persona, reputación y patrimonio. Ocurre que, en la práctica, el respeto de dicha prevención legal había caído en el más absoluto olvido, produciéndose verdaderos espectáculos mediáticos con ocasión de detenciones de personas de relevancia social o implicadas en delitos que generaban gran alarma social o, simplemente, morbo, con manifiesto olvido de los derechos fundamentales de esas personas, no solamente a la propia imagen sino a la presunción de inocencia. Con esta modificación se ha pretendido reforzar el respeto de sus derechos constitucionales imponiendo a los funcionarios policiales un especial deber de protección de dichos derechos, tanto en el momento de practicar la detención como en el momento de trasladar al detenido, si bien, obviamente, la protección de dicho derecho no podrá suponer impedir a los medios de comunicación efectuar su trabajo, pues dicho trabajo también está amparado en otro derecho fundamental, el de comunicar y recibir libremente información veraz.

El incumplimiento de este deber por parte de las fuerzas y cuerpos de seguridad podría dar lugar a estimar un hipotético "habeas corpus" e, incluso, responsabilidades de la Administración, por vulneración indebida de los derechos fundamentales del detenido.

B) LA CONSIGNACIÓN DEL DÍA Y LA HORA DE LA DETENCIÓN

Tras la reforma se mantiene, como no puede ser de otra manera puesto que ello viene impuesto por el propio artículo 17 de la Constitución, el plazo máximo de 72 horas para que el detenido sea puesto a disposición judicial o en libertad, si bien se añade, como novedad impuesta por las directivas europeas, la necesidad de que en el atestado se refleje el lugar y la hora de la detención, así como de la puesta a disposición de la autoridad judicial o, en su caso, de la puesta en libertad del detenido.

En consecuencia, en el propio atestado deberá constar con claridad la fecha y la hora de la detención, debiéndose recordar en este sentido que la detención, en cuanto situación fáctica, se produce desde el primer momento en el que una persona es privada de su libertad por funcionarios policiales, de forma que la fecha y hora que habrá de constar será la de esa efectiva detención y no aquella en la que se ha documentado la misma.

La exigencia de que en el propio atestado consten la hora de la puesta a disposición de la autoridad judicial del detenido debe entenderse en el sentido de que dicha puesta a disposición judicial coincidirá con la de efectiva entrega del detenido, junto con el atestado policial, en dependencias judiciales, lo cual planteará problemas prácticos puesto que desde que finaliza la confección de las diligencias hasta que el detenido es puesto a disposición judicial puede pasar un tiempo indeterminado impuesto por las diversas circunstancias que concurren en el traslado de los detenidos a dependencias judiciales, extremos que en muchas ocasiones no podrán ser conocidos ni controlados por los funcionarios que han realizado las diligencias policiales. En estos casos, lo más adecuado, para respetar el texto de la ley, será hacer constar en el atestado la hora en el que las diligencias han sido terminadas y los detenidos entregados a la unidad encargada del traslado de estos a dependencias judiciales, la cual debería, a su vez, confeccionar un documento en el que constara la hora de la efectiva entrega del atestado con el detenido en el Juzgado.

C) LA CONSIGNACIÓN ESCRITA DE LOS DERECHOS DEL DETENIDO Y SUS CONSECUENCIAS

Otra novedad de la reforma consiste en exigir la forma escrita para la información de los derechos de toda persona detenida. Con anterioridad, la información de derechos podía realizarse de forma verbal, sin necesidad de que fuera documentada de ninguna manera, aunque en la práctica siempre se hacía, pero ahora la ley exige dicha forma escrita en todo caso, sin que pueda quedar a la decisión del funcionario o autoridad que practica la detención. No obstante, la mencionada forma escrita que contiene la nueva redacción del artículo 520 no implica que, cuando se practique la detención, que ya se ha dicho que es una situación fáctica, no haya de informarse de forma inmediata al detenido de cuáles son sus derechos, sin perjuicio de que posteriormente se documente dicha lectura de derechos y se haga entrega del documento donde constan los mismos al detenido. De hecho, el artículo 520 sigue diciendo que esa información de derechos debe hacerse de forma inmediata, añadiéndose actualmente que la misma debe realizarse en un lenguaje sencillo y accesible y en una lengua que comprenda el detenido, lo que determinará que habrá de estarse a las circunstancias personales del detenido para cumplir con esta exigencia legal en cada caso, pues no es lo mismo informar de sus derechos a un menor de edad o una persona sin ningún tipo de formación que a otra con un nivel cultural alto. Lo que quiere la ley, en definitiva, es que la información de derechos a los detenidos no sea una actuación rutinaria sino que se realice con las garantías de que el detenido, efectivamente, comprende cuáles son sus derechos, pues sólo de esa manera podrán ser estos ejercitados por él y, en su caso, solicitar la tutela judicial de los mismos mediante el procedimiento de Habeas Corpus.

Directamente vinculado con esta exigencia legal está la nueva prevención, contenida en el último párrafo del apartado dos del artículo 520, según la cual *"en todos los casos se permitirá al detenido conservar en su poder la declaración escrita de derechos durante todo el tiempo de la detención"*. El uso, por parte del legislador, de la expresión *"en todos los casos"* evidencia la necesidad de respetar escrupulosamente esta prevención legal, sin que sean admisibles excusas sin fundamento, como por ejemplo una hipotética posibilidad de autolesión por parte del detenido. Si puntualmente un detenido muestra síntomas de agresividad que permitan pensar fundadamente que pudiera utilizar la hoja de derechos para autolesionarse habrá que, obviamente, privarle dicha hoja, puesto que el funcionario o autoridad que practica la detención tiene como primera obligación la de salvaguardar la vida e integridad física del propio detenido, pero esta circunstancia deberá hacerse constar en el atestado, al igual que cualquier otra que haya impedido que el detenido haya conservado su poder la hoja de derechos, como por ejemplo que al entregársela la haya destruido. La mejor garantía para el funcionario policial que cumple con sus obligaciones para con los detenidos es que cualquier incidencia que ocurra durante la detención quede claramente reflejada en el atestado, pues en caso de no hacerlo así y haya denuncias de una vulneración de sus derechos por parte del detenido, quedará la duda sobre si se han respetado o no dichos derechos, al poder valorarse la no consignación de dichas circunstancias en el atestado como un intento de ocultar una actuación irregular por parte de los funcionarios policiales, cosa que, evidentemente, debe ser evitada.

En cualquier caso, el respeto de esta nueva previsión legal exige que la entrega de la hoja de derechos al detenido sea efectiva, en el sentido de que el detenido podrá acceder a dicha hoja en cualquier momento durante su detención, lo que excluye que la misma sea introducida en la bolsa que contenga sus efectos personales, pues el contenido de dicha bolsa no está al alcance del detenido y si así se actuara se estaría infringiendo esta previsión legal, lo cual podría tener consecuencias incluso de carácter penal, al poder constituir dicha actuación, en el caso de realizarse de forma dolosa y con intención de privar al detenido del efectivo ejercicio de sus derechos constitucionales y legales, de un delito previsto en el artículo 530 del Código Penal.

D) ¿DE QUÉ HA DE INFORMARSE AL DETENIDO?

De lo que hay que informar a los detenidos es de los **hechos** que se le atribuyen y las **razones** motivadoras de su privación de libertad, así como de los **derechos** que les asisten. La nueva redacción sustituye el término "imputan" por "atribuyen", en consonancia con la reforma legal que elimina de la Ley de Enjuiciamiento Criminal la palabra "imputado". En todo caso, no basta con informar al detenido del tipo de delito que la policía considera que ha cometido sino de los hechos que se le atribuyen, lo que exige informar a éste, de la forma más precisa posible, de las concretas circunstancias fácticas que integran los hechos que han provocado su detención (por ejemplo, si se trata de un delito de maltrato en el ámbito familiar, habrá de indicarse la fecha y hora de comisión así como la identidad de la persona agredida; o si se trata de un delito contra la propiedad, no bastará con indicar que se le atribuye un robo sino un robo cometido en tal fecha y en tal lugar). Ello es así porque la finalidad de esta información no es otra que garantizar el efectivo ejercicio del derecho de defensa por parte del detenido, a través de su abogado, lo que exige, necesariamente, que éste conozca qué concretos hechos han motivado la actuación policial y la adopción de esta medida cautelar. La mera información del delito que se le atribuye por la Policía no es, en modo alguno, suficiente, como no lo era ya antes de la reforma, pero menos ahora a la vista de la nueva redacción, y ello a pesar de que la práctica habitual, en la generalidad de las comisarías, era informar al detenido, exclusivamente, del tipo delictivo que se le atribuía (un robo, un estafa, una violación...) pero no de las concretas circunstancias fácticas que, conforme a la investigación policial, permitían identificar e individualizar el delito que justificaba la detención del sujeto.

También exige la ley que se informe al detenido de las razones motivadoras de su privación de libertad. Es decir, habrá que explicar al detenido por qué se ha optado por esta medida restrictiva de su derecho fundamental a la libertad y no se ha elegido la menos invasiva de sus derechos fundamentales, es decir, por qué simplemente no se le ha citado para que acuda a declarar en calidad investigado, tal y como permiten los artículos 486 y siguientes de la Ley de Enjuiciamiento Criminal.

En este sentido no hay que olvidar que, aunque el legislador no ha considerado necesario modificar en este momento la regulación legal de la detención, contenida en los artículos 489 y siguientes de la Ley de Enjuiciamiento Criminal, lo cierto es que dicha regulación, en la medida que prácticamente impone al funcionario policial la obligación de practicar la detención en los casos en los que existan indicios de delito cometido por una persona (artículo 492), se compadece muy poco con la regulación constitucional del derecho fundamental a la libertad (artículo 17 CE) y con la profusa jurisprudencia del

Tribunal Constitucional que, sobre la base de que la libertad es uno de los valores superiores del ordenamiento jurídico español (artículo 1.1 CE), ha dicho reiteradamente que la limitación de los derechos fundamentales debe hacerse de forma restrictiva y únicamente en los casos en que dicha limitación sea estrictamente necesaria para la consecución de fines constitucionalmente legítimos.

De esta forma, la detención, como medida cautelar adoptada por la policía en el curso de una investigación, previa o coetánea con un proceso penal, únicamente estaría justificada en un estado social y democrático de derecho como es el español, no sólo cuando existan indicios racionales de criminalidad sobre la persona que se trata de detener (en rigor, la existencia de dichos indicios no es más que un presupuesto necesario e ineludible para practicar una detención) sino cuando, además de esos indicios, existe una causa que justifique la privación de libertad del sujeto. En este sentido, las causas que justificarían dicha privación de libertad serían, en principio, las mismas que las que justifican otra medida restrictiva de libertad como es la prisión provisional, si bien adaptando dichas causas a las especificidades propias de la detención, singularmente las relativas a su corta duración, en comparación con la prisión provisional, y el hecho de que la misma pueda ser adoptada por las fuerzas y cuerpos de seguridad sin resolución judicial previa.

En consecuencia, una interpretación acorde con los principios que dimanan de nuestro texto constitucional implica que la detención sólo debería practicarse en los casos en que con dicha medida cautelar se persiguiera, bien evitar la comisión de nuevos delitos por parte de la persona detenida; bien garantizar la vida o la integridad física o la libertad de la víctima o de terceras personas que pudieran verse afectados por la actuación delictiva del sujeto; bien evitar la alteración o destrucción de fuentes de prueba; o bien, finalmente, evitar que el detenido pueda sustraerse a la acción de la justicia, a cuyo efecto el funcionario policial deberá, lógicamente, valorar las circunstancias concurrentes, tanto en relación al delito que se imputa al sujeto (cuanta más grave sea la pena, más probabilidades existe de que el delincuente trate de huir o dificultar la actuación de las autoridades) como a las circunstancias personales del detenido (existencia o no de antecedentes penales, arraigo que pueda tener, etc.).

E) LOS NUEVOS DERECHOS DEL DETENIDO

Los derechos del detenido que recoge el artículo 520 de la Ley de Enjuiciamiento Criminal son los siguientes:

a) Derecho a guardar silencio no declarando si no quiere, a no contestar alguna o algunas de las preguntas que le formulen, o a manifestar que sólo declarará ante el juez.

b) Derecho a no declarar contra sí mismo y a no confesarse culpable.
c) Derecho a designar abogado, sin perjuicio de lo dispuesto en el apartado 1.a) del artículo 527 y a ser asistido por él sin demora injustificada. En caso de que, debido a la lejanía geográfica no sea posible de inmediato la asistencia de letrado, se facilitará al detenido comunicación telefónica o por videoconferencia con aquél, salvo que dicha comunicación sea imposible.
d) Derecho a acceder a los elementos de las actuaciones que sean esenciales para impugnar la legalidad de la detención o privación de libertad.
e) Derecho a que se ponga en conocimiento del familiar o persona que desee, sin demora injustificada, su privación de libertad y el lugar de custodia en que se halle en cada momento. Los extranjeros tendrán derecho a que las circunstancias anteriores se comuniquen a la oficina consular de su país.
f) Derecho a comunicarse telefónicamente, sin demora injustificada, con un tercero de su elección. Esta comunicación se celebrará en presencia de un funcionario de policía o, en su caso, del funcionario que designen el juez o el fiscal, sin perjuicio de lo dispuesto en el artículo 527.
g) Derecho a ser visitado por las autoridades consulares de su país, a comunicarse y a mantener correspondencia con ellas.
h) Derecho a ser asistido gratuitamente por un intérprete, cuando se trate de extranjero que no comprenda o no hable el castellano o la lengua oficial de la actuación de que se trate, o de personas sordas o con discapacidad auditiva, así como de otras personas con dificultades del lenguaje.
i) Derecho a ser reconocido por el médico forense o su sustituto legal y, en su defecto, por el de la institución en que se encuentre, o por cualquier otro dependiente del Estado o de otras Administraciones Públicas.
j) Derecho a solicitar asistencia jurídica gratuita, procedimiento para hacerlo y condiciones para obtenerla.

Los derechos reconocidos en los apartados a), b) e i) son los mismos que ya figuraban recogidos en la anterior redacción del artículo 520 de la Ley de Enjuiciamiento Criminal, por lo que no nos detendremos en ellos, centrándonos en los que son de nueva creación o en aquellos que, ya existiendo con anterioridad, han sido modificados por el legislador.

1º Derecho a designar abogado y a ser asistido por él sin demora injustificada

Como ocurría anteriormente, el derecho a designar abogado de su elección puede ser limitado en los casos en que se haya decretado la incomunicación del detenido. Sin embargo y como veremos, la nueva regulación de la incomunicación permite modular el alcance de dicha medida, de forma que no siempre el abogado del detenido incomunicado tendrá que ser de oficio, tal y como ocurría con la anterior regulación.

La nueva redacción legal incluye la previsión de que de este derecho supone, no sólo la designación de un abogado de confianza del detenido, sino de que éste sea asistido por dicho abogado o por el de oficio *"sin demora injustificada"*. Esta expresión de nuevo cuño debe ser interpretada en relación con el contenido de la asistencia letrada al detenido que el propio artículo 520 configura en el apartado 6.

A) En qué consiste la asistencia letrada al detenido

Conforme a la nueva redacción del artículo 520, la asistencia del abogado consistirá en:

a) Solicitar, en su caso, que se informe al detenido o preso de los derechos establecidos en el apartado 2 y que se proceda, si fuera necesario, al reconocimiento médico señalado en su letra i).
b) Intervenir en las diligencias de declaración del detenido, en las diligencias de reconocimiento de que sea objeto y en las de reconstrucción de los hechos en que participe el detenido. El abogado podrá solicitar al juez o funcionario que hubiesen practicado la diligencia en la que haya intervenido, una vez terminada ésta, la declaración o ampliación de los extremos que considere convenientes, así como la consignación en el acta de cualquier incidencia que haya tenido lugar durante su práctica.
c) Informar al detenido de las consecuencias de la prestación o denegación de consentimiento a la práctica de diligencias que se le soliciten.
d) Entrevistarse reservadamente con el detenido, incluso antes de que se le reciba declaración por la policía, el fiscal o la autoridad judicial, sin perjuicio de lo dispuesto en el artículo 527.

Como se ve, la asistencia letrada al detenido va mucho más allá de la mera intervención de éste en la declaración del sujeto privado de libertad, puesto que el letrado debe desarrollar una verdadera labor de asistencia integral de aquel, lo que tiene todo tipo de consecuencias, como veremos seguidamente.

B) Los aspectos temporales de la asistencia letrada en la nueva regulación

La consecuencia de la exigencia de que el detenido pueda ser asistido por su abogado *"sin demora injustificada"* es, claramente, que la comunicación al abogado designado o, en su caso, al abogado de oficio, en caso de falta de designación, por parte de los funcionarios o autoridades que han practicado la detención, debe realizarse a la mayor brevedad y que, desde luego, no es necesario esperar a que se termine la confección del correspondiente atestado policial o a que esté ya todo preparado para recibir declaración al detenido puesto que, como hemos visto, la asistencia letrada a éste va mucho más allá de la presencia del letrado en la diligencia de declaración o de reconocimiento o reconstrucción.

Esta conclusión es evidente puesto que la ley reitera, en dos ocasiones, la necesidad de que la comunicación se realice cuanto antes: el apartado 2.a) indica que el detenido tiene derecho a ser asistido por el abogado *"sin demora injustificada"* y el apartado 5, párrafo segundo, dispone que la autoridad que tenga bajo su custodia al detenido comunicara *"inmediatamente"* al colegio de abogados el nombre del designado por el detenido o, en su caso, le comunicara la petición de nombramiento de abogado de oficio. Como es de ver, la Ley exige que la asistencia letrada al detenido se realice a la mayor brevedad y ello es porque dicha asistencia de letrado es concebida en la Ley de Enjuiciamiento Criminal, en los tratados internacionales de los que España forma parte y en las directivas comunitarias que han provocado la modificación legal que ahora estudiamos, como una garantía de los derechos del detenido, de todos ellos, que no puede entenderse de forma restrictiva o limitativa, considerando que dicha asistencia se circunscribe a la presencia de letrado en esas declaraciones, reconstrucciones o reconocimientos a los que se refiere la Ley. Como se ha dicho, la asistencia letrada va mucho más allá y desde el momento en que dicha asistencia implica el derecho del letrado a solicitar que se informe al detenido o preso de los derechos establecidos en la ley y, si fuera necesario, que fuera reconocido por un médico, así como el derecho a entrevistarse reservadamente con el detenido, incluso antes de la declaración policial, es claro que dichos derechos pueden ser ejercidos por el abogado antes de que sea necesaria su presencia para asistir a la declaración del detenido, lo que implica que dicha comunicación deberá realizarse a la mayor brevedad, sin demora injustificada en la terminología legal, debiendo tenerse en cuenta que el incumplimiento de esta previsión legal podría dar lugar, también, a responsabilidades penales por parte del funcionario policial.

Naturalmente, cuando exista una causa que justifique la demora en la comunicación al letrado designado o, en su caso, al de oficio, podrá posponerse dicha comunicación, debiendo, en todo caso, consignarse esta circunstancia en el propio atestado, para conocimiento del juez Instructor así como para evitar lo que ya hemos dicho anteriormente en relación a la conservación, por parte del detenido, de la hoja de lectura de derechos. La ley no determina cuáles son esas circunstancias que justifican la demora en la comunicación al letrado del hecho de la detención pero entre ellas deberán incluirse aquellas que puedan suponer que se frustre el buen fin del procedimiento penal (por ejemplo, la necesidad de practicar varias detenciones no simultáneas, de forma que, conocida una de ellas por el abogado de confianza de detenido, podría impedirse la práctica de las restantes detenciones) o los supuestos en los que sea previsible que el juez acuerde la incomunicación del detenido, pues en tales casos la llamada al abogado deberá posponerse hasta que la autoridad judicial disponga lo oportuno en relación a dicha medida, al poder el juez acordar que la asistencia letrada no se haga por abogado de confianza, sino de oficio.

La reforma también ha afectado al tiempo del que disponen los abogados para cumplir con sus funciones de asistencia a los detenidos, pues el plazo se ha reducido a tres horas, en contraposición con las ocho horas de las que disponían con anterioridad los abogados. Es evidente que el legislador ha querido potenciar la actuación de los abogados durante las detenciones, disminuyendo considerablemente el plazo para que éstos acudan a prestar su asistencia a los detenidos, lo que implicará, en ocasiones, que el abogado deba asistir a dependencias policiales en más de una ocasión, por ejemplo cuando los hechos que han provocado la detención del sujeto son complejos y el plazo para la confección de las diligencias policiales y la toma de declaración del detenido supere ese plazo legal de tres horas, pues, como se ha dicho con anterioridad, debiendo hacerse la comunicación al abogado sin demora injustificada, es posible que cuando el abogado acuda, dentro de ese plazo de tres horas, a dependencias policiales todavía no pueda ser recibida declaración al detenido, supuestos en los que la presencia del abogado tendrá por objeto las previsiones contenidas en los apartados a), c) y d) del apartado 6 del artículo 520, especialmente la de solicitar que se le deje ver al detenido para comprobar su estado de salud y si se están respetando sus derechos así como, en su caso, solicitar su traslado para que sea reconocido por un médico. Con posterioridad, una vez que se pueda recibir declaración al detenido, habrá de avisarse al letrado nuevamente, que tendrá un nuevo plazo de tres horas para acudir a dependencias policiales a practicar dicha asistencia.

Ya se ha dicho antes que la comunicación al colegio de abogados (o al abogado directamente) por parte de la autoridad o funcionario que ha procedido a la detención debe hacerse de forma inmediata, pues así lo dispone expresamente el párrafo segundo del apartado cinco del artículo 520 de la Ley de Enjuiciamiento Criminal. Esta inmediatez no se recogía en la anterior redacción del precepto, puesto que únicamente exigía que la comunicación al colegio de abogados se hiciera en forma que permitiera su constancia, sin referencia alguna al momento en el que dicha comunicación debía realizarse, lo que, unido a lo anteriormente indicado en relación a que la asistencia letrada al detenido debe realizarse sin demora injustificada, evidencia que el legislador quiere que las autoridades que practican una detención sean especialmente celosas en que la comunicación de la detención al abogado se realice rápidamente para que éste cumpla con sus deberes de asistencia, en la forma que ya se ha explicado con anterioridad. Esto viene confirmado, también, por la reducción del plazo que tiene el abogado designado para acudir a las dependencias policiales a asistir al detenido, puesto que mientras antes se indicaba que el abogado designado acudiría al centro de detención *"a la mayor brevedad y, en todo caso en el plazo máximo de ocho horas"*, la actual redacción del artículo 520 dispone que el abogado designado acudirá al centro detención *"con la máxima premura, siempre dentro del plazo máximo de tres horas desde la recepción del encargo"*. La nueva terminología que utiliza la Ley no deja lugar a la más mínima duda sobre la obligación de las autoridades y funcionarios de practicar la comunicación al abogado lo antes posible, y la correspondiente obligación del abogado de acudir a prestar su labor de asistencia cuanto antes y, en todo caso, en el plazo máximo de tres horas. Ya se ha dicho que esta modificación legal implicará, en ocasiones, que el abogado deba acudir al centro de detención para asistir al detenido en más de una ocasión pero ello es una consecuencia obligada del incremento de las garantías legales de los detenidos que la reforma de la Ley de Enjuiciamiento Criminal que estamos estudiando ha supuesto.

Todo lo anterior viene confirmado por la nueva previsión legal según la cual, cuando por la lejanía geográfica no sea posible de inmediato la asistencia de letrado, se facilitará al detenido comunicación telefónica o por videoconferencia con aquél, salvo que dicha comunicación sea imposible. Esta nueva previsión legal evidencia que han de ser superadas ciertas prácticas, habituales con anterioridad a la reforma, según las cuales la llamada al abogado y la presencia de éste en dependencias policiales se posponía durante muchas horas con la excusa de que las diligencias no estaban terminadas, interpretación que, tras la reforma, debe radicalmente ser excluida. Es evidente que el legislador quiere que la asistencia letrada al detenido, en toda la amplitud que se recogen el artículo 520.6, se preste de forma inmediata y sin demora injustificada, con todas las consecuencias que ello conlleva, entre otras, como se ha dicho, la posibilidad de que el letrado deba acudir a dependencias policiales en más de una ocasión, lo cual es acorde con la finalidad constitucional de este derecho.

C) Forma de la comunicación al letrado

Como ocurría con anterioridad, la ley exige que la designación de abogado por parte del detenido sea plenamente libre, indicando, como ya hacía con anterioridad, aunque con distintas palabras, que ninguna autoridad o agente podrá efectuar recomendación alguna sobre el abogado a designar más allá de informarle de su derecho.

La Ley sigue exigiendo que la comunicación al abogado designado por el detenido se realice a través del colegio de abogados, a los efectos de su localización y transmisión del encargo profesional. Tal y como ocurría en la práctica, nada impide que, conocidos los datos necesarios para comunicar con el abogado (generalmente, su número de teléfono), la comunicación se realice directamente con éste, consignando dicha circunstancia en el atestado. Lógicamente, si el detenido no ha designado letrado o si, designado éste, no es localizado o renuncia a asistir al detenido, se procederá a la comunicación al abogado de oficio, bien directamente, bien a través del colegio de abogados.

D) *La intervención del letrado en la toma de muestras biológicas del sospechoso*

Ya hemos indicado anteriormente en qué consiste la tarea de asistencia letrada al detenido, prevista en el artículo 520.6. Siguiendo la doctrina establecida por el Tribunal Supremo en varias sentencias, la ley recoge ahora la obligatoriedad de que la prestación del consentimiento por parte del detenido se haga siempre previo asesoramiento del abogado, lo que es plenamente lógico, pues sólo de esa manera podrá decirse que dicho consentimiento es plenamente libre, voluntario y debidamente informado.

La reforma ha introducido una novedad de gran importancia práctica: la posibilidad de que, ante la negativa del detenido a dar su consentimiento para la recogida de una muestra de su ADN a los efectos previstos en la Ley Orgánica 10/2007, de 8 de octubre, reguladora de la base de datos policial sobre identificadores obtenidos a partir del ADN, el Juez de Instrucción, a instancia de la policía judicial o del Ministerio Fiscal, pueda imponer la ejecución forzosa de tal diligencia mediante el recurso a las medidas coactivas mínimas indispensables, que deberán ser proporcionadas a las circunstancias del caso y respetuosas con su dignidad.

La posibilidad de obtener restos biológicos del sospechoso, investigado o procesado ya estaba prevista en la Ley de Enjuiciamiento Criminal, cuyo artículo 363 disponía que *"Siempre que concurran acreditadas razones que lo justifiquen, el Juez de Instrucción podrá acordar, en resolución motivada, la obtención de muestras biológicas del sospechoso que resulten indispensables para la determinación de su perfil de ADN. A tal fin, podrá decidir la práctica de aquellos actos de inspección, reconocimiento o intervención corporal que resulten adecuados a los principios de proporcionalidad y razonabilidad"*. Ahora bien, este precepto no aclaraba si, ante la negativa a dar una muestra de ADN, podía ser compelido físicamente el sujeto para que las autoridades obtuvieran dicha muestra, incluso después de que el juez, en la resolución motivada que prevé el artículo, hubiera acordado la obtención de la misma.

La reforma aclara esta cuestión al decir que, cuando el detenido se oponga a la toma de muestras mediante frotis bucal, el juez podrá imponer la ejecución forzosa mediante el recurso a las medidas coactivas mínimas indispensables, en todo caso proporcionadas a las circunstancias del caso y respetuosas con su dignidad. Aunque la redacción elegida por el legislador no parece la más adecuada, parece evidente que se ha facultado a la autoridad judicial para acordar medidas de fuerza para obtener el perfil biológico del sujeto sospechoso que se encuentra detenido, debiendo, por exigencias del principio de proporcionalidad, acordarse el uso de la fuerza únicamente cuando la obtención de dicho perfil sea indispensable para el esclarecimiento de la participación del sujeto en la comisión de un delito de cierta gravedad, lo cual exigirá, en todo caso, que las autoridades cuenten con una muestra dubitada con la que cotejar el ADN que se pueda obtener del detenido, siendo necesario que en la petición policial se haga constar que se cuenta con esa muestra dubitada.

Hubiera sido deseable que el legislador especificara en qué tipo de delitos estaría justificada el uso de la fuerza física para obtener un perfil de ADN del sospechoso, tal y como ocurre en otras legislaciones de nuestro entorno, si bien el legislador no ha considerado oportuno realizar dicha declaración, acudiendo a conceptos jurídicos indeterminados que deberán ser aclarados por vía jurisprudencial, lo cual no es lo más idóneo ni lo más conforme con el principio de seguridad jurídica. En cualquier caso, parece evidente que habrá de valorarse la gravedad del delito que se trata de esclarecer, pudiéndose acudir al recurso de la fuerza, únicamente, cuando se trate de delitos graves, bien por la pena que lleve aparejada, bien por la relevancia del bien jurídico que se trata de proteger, bien por la alarma social que el mismo haya podido provocar, siempre que dicha alarma esté justificada en atención a la naturaleza del delito y no meramente por el morbo mediático que éste haya podido producir.

En cualquier caso, los medios que se utilicen para obtener forzosamente el perfil genético del detenido deberán ser respetuosos con su dignidad. A tal efecto y desde el momento en que es necesaria una resolución judicial para llevar a cabo la diligencia, parece evidente que la obtención de la muestra deberá ser practicada por el médico forense, en su caso auxiliado por funcionarios de la policía científica, si ello es necesario, así como por otros funcionarios policiales que colaboren para vencer la resistencia del detenido.

Finalmente y en relación esta cuestión, ha de indicarse que no exige la ley, en ningún lugar, que, prestado el consentimiento por el detenido, debidamente asistido de letrado, éste deba estar presente en el momento en que se toma esa muestra por parte de los funcionarios policiales. Lo único que exige la ley es que el letrado esté presente y asesore al detenido cuando éste preste, o no, su consentimiento a tal diligencia. Ahora bien, teniendo en cuenta la importancia que, en la mayoría de las ocasiones, tienen las pruebas biológicas en el proceso penal y considerando que, en cierta medida, la obtención de dicha muestra puede calificarse como una diligencia de reconocimiento, pues en definitiva lo que se pretende es obtener pruebas de la participación del delincuente en el delito que se investiga, parece que lo más prudente es que, prestado el consentimiento, el letrado se quede y esté presente en la diligencia de toma de muestras, pues de esa manera actúa como testigo privilegiado de que la misma se obtenido sin vulnerar la dignidad del detenido, tal y como exige la ley.

E) La entrevista reservada previa al interrogatorio

Para finalizar con la cuestión relativa a la asistencia letrada, ha de llamarse la atención sobre una novedad que no ha resultado del agrado de las fuerzas y cuerpos de seguridad pero que, desde el punto de vista de las garantías del detenido, es perfectamente lógica y acorde con las disposiciones internacionales que regulan la materia. Nos estamos refiriendo al derecho, introducido por la reforma, de que el letrado se entreviste reservadamente con el detenido antes de que se le reciba declaración por la policía.

Como es conocido, con anterioridad a la reforma dicha entrevista sólo se preveía, cuando de la detención policial se trataba, con posterioridad a que el detenido prestara declaración. No ocurría lo mismo cuando el detenido ya había sido puesto a disposición judicial por cuanto, ya desde el año 2003, como consecuencia de la reforma introducida en la Ley de Enjuiciamiento Criminal por la Ley 38/2002, de 24 de octubre, de reforma parcial de la Ley de Enjuiciamiento Criminal, sobre procedimiento para el enjuiciamiento rápido e inmediato de determinados delitos y faltas, y de modificación del procedimiento abreviado, se preveía la entrevista reservada y previa del abogado con el detenido en el artículo 775 de la Ley de Enjuiciamiento Criminal.

Con independencia de que esta nueva previsión legal pueda disminuir la eficacia policial en la investigación de los delitos (cosa que no puede afirmarse empíricamente) lo cierto es que la misma, desde un punto de vista estrictamente jurisdiccional, no perjudica el proceso ni disminuye la eficacia de la justicia penal, desde el momento en que la declaración policial de los investigados, no ratificada judicialmente, carece, salvo en contadas ocasiones, de valor probatorio alguno, tal y como tiene dicho el Tribunal Supremo en numerosas sentencias. De hecho, la propia Sala Segunda, de lo Penal, del Tribunal Supremo, en un Acuerdo del Pleno no jurisdiccional de fecha 3 de junio de 2015, sobre el valor de las declaraciones en sede policial a efectos de valorar la presunción de inocencia, fija la siguiente doctrina legal: *"Las declaraciones ante los funcionarios policiales no tienen valor probatorio. No pueden operar como co-*

rroboración de los medios de prueba. Ni ser contrastadas por la vía del artículo 714 de la Ley de Enjuiciamiento Criminal. Ni cabe su utilización como prueba preconstituida en los términos del artículo 730 de la Ley de Enjuiciamiento Criminal. Tampoco pueden ser incorporadas al acervo probatorio mediante la llamada como testigos de los agentes policiales que las recogieron. Sin embargo, cuando los datos objetivos contenidos en la autoinculpación son acreditados como veraces por verdaderos medios de prueba, el conocimiento de aquellos datos por el declarante evidenciado, en la autoinculpación ante la policía, puede constituir un hecho base para legítimas y lógicas inferencias. Para constatar, a estos exclusivos efectos, la validez y el contenido de la declaración policial, deberán prestar testimonio en el juicio los agentes policiales que la presenciaron. Este acuerdo sustituye al que sobre la materia se había adoptado el 28/11/06".

El acuerdo de 28 de noviembre de 2006, que queda sin efecto por el anteriormente mencionado, era mucho más proclive a aceptar el valor probatorio de las declaraciones policiales de los detenidos, lo que implica que el Tribunal Supremo ha limitado mucho el valor de dichas declaraciones. En consecuencia, el hecho de que, tras la reforma, el abogado pueda entrevistarse reservadamente con el detenido antes de prestar declaración policial no tiene por qué suponer una disminución de la eficacia del Estado en la persecución y castigo de los delincuentes.

Naturalmente, en el caso de que se haya acordado la incomunicación del detenido y en la resolución que acuerda la incomunicación se ha determinado que la misma se extienda al ejercicio de este derecho a la entrevista reservada previa a la declaración policial, la misma no podrá tener lugar. En consecuencia y ante la eventualidad de que la autoridad judicial pueda acordar dicha incomunicación, en los casos en que legalmente proceda, los funcionarios policiales deberán contactar con dicha autoridad judicial cuanto antes para someter a su consideración la posibilidad de acordar esa medida de incomunicación, sin que hasta ese momento pueda exigir el abogado la entrevista reservada con su cliente. No obstante, con la finalidad de no limitar indebida e injustificadamente ese derecho, la solicitud de incomunicación a la autoridad judicial deberá realizarse inmediatamente después de la detención o, incluso, con carácter previo a practicar ésta, si la investigación del delito de que se trate ya está judicializada.

En la celebración de esa entrevista reservada entre el abogado y su cliente con carácter previo a la declaración policial del detenido habrá de respetarse por los funcionarios policiales la obligada confidencialidad de dicha entrevista, tal y como veremos a continuación, de forma que ésta deberá realizarse sin que los funcionarios policiales puedan escuchar el contenido de la conversación. En cualquier caso, si por motivos de seguridad es necesario que el funcionario policial que custodia al detenido tenga a éste a su vista de forma permanente y no se dispongan de instalaciones que garanticen dicha confidencialidad (por ejemplo, celdas acristaladas que permitan ver lo que ocurre en el interior de la misma pero no escuchar la conversación que se produce en ella), de forma que el funcionario llegue a escuchar dicha conversación o parte de ella, estará obligado a guardar secreto absoluto del contenido de dicha conversación, no comunicando ésta ni a sus superiores, ni a sus compañeros, ni siquiera al juez instructor o al fiscal, bajo pena, en caso de no respetar esta obligación de secreto, de cometer un delito de revelación de secretos previsto en el artículo 417 del Código Penal.

F) La confidencialidad de las comunicaciones detenido-abogado

En efecto, una novedad importante se ha introducido en el artículo 520.7 de la Ley de Enjuiciamiento Criminal, que dispone que las comunicaciones entre el investigado o encausado y su abogado tendrá carácter confidencial en los mismos términos y con las mismas excepciones previstas en el apartado cuatro del artículo 118. Con independencia de que la terminología que utiliza el legislador no parece la más apropiada, puesto que, regulándose en el artículo 520 el régimen jurídico del detenido, no se entiende muy bien por qué en este apartado se hace referencia al investigado o encausado, lo cierto es que la reforma no hace sino recoger una exigencia impuesta por la normativa internacional de la que España es parte y que ya había sido reiteradamente consagrada por la jurisprudencia, tanto del Tribunal Constitucional como del Tribunal Supremo, relativa al carácter reservado de las comunicaciones entre abogado y cliente, carácter que viene impuesto por exigencias del derecho de defensa, que evidentemente resultaría completamente cercenado si el Estado pudiera intervenir y conocer las comunicaciones entre abogado y el investigado.

No obstante, la ley establece ciertas excepciones al carácter confidencial de las comunicaciones abogado-cliente. Estas excepciones, previstas en el artículo 118.4, son las siguientes: que existan indicios objetivos de la participación del abogado en el hecho delictivo investigado o que existan, igualmente, indicios objetivos de su implicación, junto con el investigado o encausado, en la comisión de otra infracción penal. La utilización, por el legislador, de la adjetivo "objetivos" para calificar los indicios que han de existir evidencia la intención del legislador de excluir, como supuesto para poder intervenir las comunicaciones entre el abogado y el cliente, las meras sospechas o incluso los indicios de naturaleza subjetiva, supuestos ambos que no justificarían la intervención de las comunicaciones abogado-cliente.

Como consecuencia de la especial protección que la nueva redacción de los artículos 520 y 118 de la Ley de Enjuiciamiento Criminal da a las comunicaciones entre abogado y su cliente, dispone el artículo 118.4 que, en el caso de que esas conversaciones hubieran sido captadas o intervenidas durante la ejecución de alguna de las diligencias de investigación tecnológica que regula la Ley (intervención de las comunicaciones, intervención de la correspondencia postal, intervención de los datos almacenados en dispositivos informáticos, etc.), el juez ordenará la eliminación de la grabación o la entrega al destinatario de la correspondencia detenida, dejando constancia de estas circunstancias en las actuaciones. Naturalmente, de lo que debe dejar el juez constancia en las actuaciones no es del contenido de la comunicación sino del hecho de que dichas comunicaciones han sido suprimidas de las diligencias sumariales, lógicamente evitando que las partes tengan conocimiento de dichas comunicaciones, incluyendo el Ministerio Fiscal, debiendo el Juez de Instrucción, en estos casos, hacer un esfuerzo para no tener en cuenta, en modo alguno, dichas comunicaciones al resolver las cuestiones que se sometan a su consideración o al decidir sobre la continuación o no del procedimiento penal.

G) Renuncia a la asistencia letrada

Mantiene la Ley tras la reforma la posibilidad de que el derecho a la asistencia letrada al detenido sea renunciado por el afectado cuando el delito que se le imputa sea un delito contra la seguridad del tráfico. Hubiera sido deseable que el legislador aprovechara la reforma para cambiar la denominación de los delitos en los que se permite la renuncia a la preceptiva asistencia de letrado por parte del detenido, puesto que la que sigue usando la Ley de Enjuiciamiento Criminal (delitos contra la seguridad del tráfico) es una denominación que no está en nuestro código penal desde el año 2007, al haber sido sustituida por la de *"delitos contra la seguridad vial"* por la Ley Orgánica 15/2007, de 30 de noviembre. No obstante ello, es evidente que todos los delitos comprendidos dentro de la actual rúbrica "delitos contra la seguridad vial", incluso aquellos que no estaban incluidos como tales cuando el Código Penal todavía utilizaba el título "delitos contra la seguridad del tráfico", deben considerarse comprendidos dentro de esta excepción a la regla general de la obligatoriedad de la asistencia letrada al detenido.

La reforma introduce una novedad en esta materia, al indicar que dicha renuncia únicamente será válida siempre que se haya facilitado al detenido información clara y suficiente, en un lenguaje sencillo y comprensible, sobre el contenido de dicho derecho y las consecuencias de la renuncia, añadiendo la nueva redacción que el detenido podrá revocar su renuncia en cualquier momento, supuesto en el que, obviamente, pasarían a ser de aplicación todas las disposiciones que el artículo 520 establece en materia de asistencia letrada al detenido, de forma que, revocada dicha renuncia por el detenido, habría que llamar de forma inmediata al abogado por él designado o, en su defecto, al de oficio a fin de que acuda, con la máxima premura y en todo caso dentro de las tres horas siguientes, a asistir al detenido, tal y como hemos visto con anterioridad.

2º Derecho a acceder a los elementos de las actuaciones que sean esenciales para impugnar la legalidad de la detención o privación de libertad

Este nuevo derecho es, sin duda, el que mayores problemas prácticos está generando. Problemas derivados de las diferentes interpretaciones que tienen los abogados y los funcionarios policiales sobre el significado de la expresión *"actuaciones que sean esenciales para impugnar la legalidad de la detención o privación de libertad"*.

En relación a ésta cuestión, y tal como hemos visto anteriormente, la exposición de motivos hace una referencia sucinta a este nuevo derecho, poniéndolo en relación con el contenido del artículo 118 de la Ley de Enjuiciamiento Criminal, que también fue reformado por esta Ley Orgánica. Así, se dice en la exposición de motivos que *"cuando se trata de imputados, se ha considerado conveniente su incorporación en el artículo 118 de la Ley de Enjuiciamiento Criminal y en su artículo 302 se han recogido las excepciones a este derecho. Como se ha anticipado, en los casos del detenido o privado de libertad, el derecho de acceso se ha recogido en el artículo 520 de la Ley de Enjuiciamiento Criminal y su alcance se limita a aquellos elementos de las actuaciones que sean esenciales para impugnar la legalidad de la detención o privación de libertad. Se trata de proporcionar, con anterioridad a la interposición del recurso, únicamente aquella información que sea fundamental para que sea posible valorar la legalidad de la detención o privación de libertad"*. El artículo 118 reformado, cuando recoge el derecho a la información, utiliza la siguiente expresión: *"Derecho a examinar las actuaciones con la debida antelación para salvaguardar el derecho de defensa y en todo caso, con anterioridad a que se le tome declaración"*. Como es de ver, el legislador no utiliza los mismos términos en el artículo 520 y en el artículo 118, debiendo considerarse, en consecuencia, que el derecho del investigado que ya está personado en el proceso penal tiene un mayor alcance, en relación a su derecho de acceso al contenido de las actuaciones y de los hechos que se le imputan, que el que tiene el detenido que no ostenta todavía la condición de parte, en sentido formal, del procedimiento penal, pues en este caso la Ley ya no dice que tenga derecho a examinar las actuaciones, a través, lógicamente, de su Letrado sino *"derecho a acceder a los elementos de las actuaciones que sean esenciales para impugnar la legalidad de la detención o privación de libertad"*.

¿Qué debe entenderse por elementos de las actuaciones esenciales para impugnar la legalidad de la detención o privación de libertad? Desde luego, es evidente que el letrado tiene derecho a conocer la hora y el día de la detención, pues sólo de esa manera podrá verificar que en ésta se están respetando los plazos constitucionales y legales de duración de una privación policial de libertad de un ciudadano. También es claro que debe examinar si se han respetado las exigencias formales del detenido en lo relativo a la información de sus derechos, información de los hechos que se le atribuyen y de las razones motivadoras de su detención y se han observado, por parte de las autoridades o funcionarios policiales, sus derechos a la integridad física y a recibir un trato acorde con su dignidad como persona.

Pero eso no es suficiente, puesto que la legalidad de la detención no solamente viene determinada por el cumplimiento de los requisitos formales de ésta sino también por el respeto de los requisitos materiales, que son los que justifican, en el fondo, privar cautelarmente de libertad a un ciudadano. Y esto requisitos materiales de la detención no pueden ser otros que la existencia de indicios racionales de que se ha cometido un hecho constitutivo de delito y que dicha privación de libertad es necesaria para salvaguardar algún interés constitucionalmente legítimo. Únicamente cuando concurran esos dos elementos (indicios de delito y fin constitucionalmente legítimo de la detención) podrá considerarse ajustada a derecho la privación de libertad y, en consecuencia, es necesario facilitar al letrado, de la forma más amplia posible, información suficiente sobre dichos aspectos para que éste pueda valorar si la detención de su cliente es o no ajustada a derecho.

En relación a ésta cuestión de respeto a los requisitos o presupuestos materiales de toda detención, la reforma ha planteado la duda de si es posible detener una persona por un delito leve. La duda deriva de que el artículo 495 de la Ley de Enjuiciamiento Criminal, que no ha sido derogado por ninguna de la reformas del año 2015, sigue diciendo que no se podrá detener por simples faltas, a no ser que el presunto reo no tuviese domicilio conocido ni diese fianza bastante, a juicio de la autoridad o agente que intente detenerle. Para resolver esta cuestión ha de acudirse a la disposición adicional segunda de la Ley Orgánica 1/2015, de 30 de marzo, que modificó el Código Penal. Dicha disposición adicional lleva por título "I*nstrucción y enjuiciamiento de los delitos leves*"y, entre otras cuestiones que no vienen al caso, indica expresamente que *"las menciones contenidas en las leyes procesales a las faltas se entenderán referidas a los delitos leves"*. En consecuencia, siguiendo refiriéndose el artículo 495 de la Ley de Enjuiciamiento Criminal a las faltas, la disposición adicional mencionada obliga a entender referido dicho precepto a los delitos leves, de forma que el régimen jurídico de la detención en el caso de las faltas debe entenderse aplicable a los delitos leves y, en consecuencia, únicamente cabrá detener por este tipo de infracciones penales cuando el presunto delincuente no tuviera domicilio conocido ni diere fianza bastante de comparecer ante la autoridad judicial cuando fuere citado.

En otro orden de cosas, no será necesario hacer entrega material del atestado policial al abogado, puesto que dicha exigencia no aparece recogida en el artículo 520. Por el contrario, si contraponemos el tenor literal del derecho de acceso que prevé el artículo 520 con el derecho al examen de las actuaciones que se contiene en el artículo 118, unido a la explicación que sobre esa diferencia se ofrece en la exposición de motivos de la ley, llegaremos a la conclusión de que la pretensión de los letrados de ver el contenido de los atestados no tiene amparo legal, al menos por el momento, sin perjuicio de que, si el atestado ya está confeccionado y no existe causa o motivo que haga pensar que puede declararse el secreto de las diligencias o la incomunicación del detenido, no exista problema alguno en facilitar dicho atestado al abogado que, en cualquier caso, va a acceder al mismo en cuanto llegue a las dependencias judiciales, salvo que las diligencias se hayan declarado secretas.

Es evidente que el ejercicio del derecho de defensa por parte del abogado exige que éste conozca qué hechos y qué circunstancias rodean la detención de su cliente a fin de que pueda cumplir con sus obligaciones de asesoramiento, y si esto era así antes de la reforma, tras ella lo es en mayor medida, sobre todo si tenemos en cuenta que el letrado, ahora, tiene derecho entrevistarse con el detenido incluso antes de la declaración policial, lo que implica que necesitará conocer los detalles o el mayor número de estos y las demás circunstancias de la detención para poder realizar eficazmente dicha tarea de asistencia al detenido.

3º. Derecho a comunicarse telefónicamente, sin demora injustificada, con un tercero de su elección

Se trata de un derecho de nueva creación que atribuye al detenido el derecho a comunicarse telefónicamente con un tercero de su elección, siempre en presencia de un funcionario de Policía o, en caso de que la detención haya sido por orden de la autoridad judicial o fiscal, por la persona que dichas autoridades designen. Obviamente, el ejercicio de este derecho podrá ser limitado si la autoridad judicial ha acordado la incomunicación del detenido.

Naturalmente, si la persona detenida no puede expresarse verbalmente por algún tipo de problema físico no podrá ejercer este derecho personalmente, pues dicho derecho exige que el detenido pueda comunicarse de forma verbal con un tercero. Ahora bien, desde el momento en el que, conforme al artículo 123.1.a) de la Ley de Enjuiciamiento Criminal, los investigados o encausados que no hablen o entiendan el castellano o la lengua oficial en la que se desarrolle la actuación tendrán derecho a ser asistidos por un intérprete que utilice una lengua que comprenda durante todas las actuaciones en que sea necesaria su presencia, incluyendo el interrogatorio policial o por el Ministerio Fiscal y todas las vistas judiciales; y teniendo en cuenta que, conforme al artículo 123.6 las personas sordomudas deben equipararse, a estos efectos, con las personas que no entienda o hablen el castellano o la lengua oficial en la que se desarrolle la actuación, habrá de concluirse que el derecho que ahora se está estudiando podrá ser ejercido por una persona sordomuda a través de un intérprete de signos, lógicamente sólo cuando el destinatario de esa comunicación no sea tampoco sordomudo, pues en este caso es claro que tampoco servirá de nada la asistencia de un intérprete para efectuar esa comunicación. En estos casos, y aunque la ley no lo prevea expresamente, no parece descabellado plantear la posibilidad de que el derecho a comunicarse telefónicamente con un tercero se sustituya por la posibilidad de que se tercero designado libremente por el detenido pueda comunicarse con éste, no a través del teléfono sino de forma directa, en las dependencias policiales, siempre y cuando ello no suponga un riesgo, bien para la investigación o bien para el detenido o la persona con la que éste quiere entrevistarse, aunque lo cierto es que la ley no prevé este medio alternativo de ejercer el derecho la comunicación telefónica.

La comunicación deberá realizarse en presencia de un funcionario policial y la ley no prevé que éste límite de ninguna manera dicha comunicación, salvo que lo que se estuviera comunicando pudiera ser constitutivo de delito, en cuyo caso la obligación del funcionario policial es poner fin a dicha acción delictiva, exactamente igual que ocurriría en cualquier otra circunstancia. Tampoco exige la ley que el detenido informe la Policía sobre quien es o qué relación tiene con la persona con la que quiere comunicarse, siendo suficiente con que facilite el número de teléfono al que ha de llamarse para realizar dicha comunicación. El derecho a la intimidad de detenido no se pierde por la circunstancia de estar privado de libertad más allá de lo que expresamente dispone la ley y, en este caso, lo único que indica el precepto es que en la comunicación estará presente un funcionario policial, pero no que el detenido deba indicar qué relación tiene con la persona con la que pretende comunicarse telefónicamente.

Tampoco indica la ley la duración de la llamada, de forma que habrán de aplicarse los criterios del sentido común, teniendo cuenta las circunstancias concurrentes en el caso concreto. En todo caso, es evidente que el detenido no tiene un derecho a que esa comunicación dure más allá de dos o tres minutos, tiempo más que suficiente para que la persona que recibe la llamada tome conocimiento de lo que el detenido quiera transmitirle.

El ejercicio de este derecho debe realizarse "*sin demora injustificada*", lo que exige que en el atestado se haga constar la hora en que se ejercita dicho derecho a fin de que el juez y, en su caso, el letrado o el ministerio fiscal puedan valorar si ese derecho del detenido ha sido respetado. Habrá supuestos en los no sea factible que el detenido ejerza ese derecho de la forma más inmediata a su llegada a las dependencias policiales, que es el momento en el que, habitualmente, deberá ejercitarse dicho derecho, y dichas circunstancias habrán de hacerse constar en el atestado, tal y como se ha dicho con anterioridad respecto del derecho a la asistencia letrada. Supuestos que justifican la demora en el ejercicio de ese derecho serán los casos en los que sea previsible que se acuerde la incomunicación del detenido; o los casos en los que vayan a ser detenidas varias personas en una misma operación, con la finalidad de no frustrar la misma; o cuando existan indicios de que mediante el ejercicio de ese derecho pueda el detenido frustrar el buen fin de la operación policial en cualquier otro caso. Es importante insistir en que, cuando el ejercicio de ese derecho se demore en el tiempo, se haga constar en el atestado las circunstancias que han justificado dicha demora.

Si para evitar la frustración de la investigación no bastara con retrasar el ejercicio de ese derecho sino que fuera necesario privar al detenido de él, habrá de solicitarse la incomunicación de éste al juez competente.

4º. Derecho a ser visitado por las autoridades consulares de su país, a comunicarse y a mantener correspondencia con ellas

Se trata de otra novedad de la reforma. Tampoco indica la ley en cuantas ocasiones el detenido podrá ser visitado por las autoridades consulares, pero una interpretación coherente con la finalidad de este nuevo derecho permite afirmar que sólo cabrá realizarse una visita cada vez que el detenido haya sido privado de libertad, es decir, no podrá pretender ni el detenido ni las autoridades consulares que dichas visitas se realicen de forma constante y reiterada a lo largo de las horas que dura la detención.

Otro tanto cabe decir del derecho a comunicarse y mantener correspondencia con las autoridades consulares. En mi opinión, en ambos casos, dichos derechos podrán ejercitarse una única vez cada detención.

El apartado tres del artículo 520, de forma reiterativa y, por ende, innecesaria indica, tras repetir lo que ya decía la anterior redacción en relación a la comunicación al cónsul del país del detenido del hecho de la detención y del lugar de custodia, que se permitirá a éste la comunicación con la autoridad consular, si bien, como novedad, la ley establece que en el caso de que el detenido tenga dos o más nacionalidades, podrá elegir a qué autoridades consulares debe informarse que se encuentra privado de libertad y con quien desea comunicarse. Debe entenderse que dicha elección es única, de forma que el detenido no podrá estar modificando dicha decisión a lo largo de la detención para, de esa manera, burlar la Ley y conseguir comunicarse con las autoridades consulares de los dos países de los que es nacional.

En cualquier caso, y respecto de las personas presas, será aplicación el régimen de comunicaciones que prevé la Ley y el Reglamento General Penitenciario.

5º. Derecho a ser asistido gratuitamente por un intérprete, cuando se trate de extranjero que no comprenda o no hable el castellano o la lengua oficial de la actuación de que se trate, o de personas sordas o con discapacidad auditiva, así como de otras personas con dificultades del lenguaje

Este derecho ya estaba contemplado en la legislación anterior y lo único que ha cambiado es la referencia a las lenguas oficiales de la actuación de que se trate, así como las personas sordas o con discapacidad auditiva o con dificultades del lenguaje.

En todo caso, ha de recordarse que la información de derechos deberá realizarse por escrito y de ahí la prevención legal de que, cuando no se disponga de una declaración de derechos en una lengua que comprenda detenido, se le informará de sus derechos por medio de un intérprete tan pronto resulte posible. En estos casos, deberá entregársele, posteriormente y sin demora indebida, la declaración escrita de derechos en una lengua que comprenda. Como hemos dicho con anterioridad, cuando se haya producido una demora en la cumplimentación de esta prevención legal habrá de consignarse en el atestado.

No prevé la Ley la circunstancia de que la persona detenida sea ciega y, por tanto, no pueda leer la hoja de derechos que se le ha de entregar. En estos casos no parece exigible que se facilite al detenido dicha hoja en sistema Braille puesto que la ley, en ningún momento, equipara las personas sordas-mudas o con dificultades de lenguaje a las personas ciegas. No obstante, esta minusvalía deberá ser tenida en cuenta a la hora de explicarle e informarle de sus derechos, repitiéndoselos cada vez que la persona detenida solicite que se le recuerden, pues sólo de esta manera podrá suplirse la limitación que su minusvalía le provoca en el ejercicio de sus derechos. Naturalmente, si esas peticiones obedecen, no a un deseo real de conocer sus derechos, sino a molestar o dificultar la labor policial, no será necesario repetírselos.

6º. Derecho a solicitar asistencia jurídica gratuita, procedimiento para hacerlo y condiciones para obtenerla

El derecho a la asistencia jurídica gratuita aparece regulado en la ley 1/1996, de 10 de enero y en el reglamento que la desarrolla, aprobado por Real Decreto 996/2003, de 25 de julio. La exigencia introducida por primera vez en el artículo 520 de informar al detenido de su derecho a solicitar asistencia jurídica gratuita y no sólo de eso, sino también del procedimiento para hacerlo y de las condiciones para obtenerla, no parece que tenga mucho sentido por cuanto dicho derecho despliega toda su eficacia en el proceso, de forma que si, tras la detención, el proceso no se inicia o se archiva, ninguna virtualidad tendrá la información que se haya facilitado al detenido.

En cualquier caso, habrá de informarse, por exigencias de este nuevo derecho, al detenido, siquiera sea sucintamente, del contenido del artículo 3 de la Ley 1/1996, que recoge los requisitos básicos para la obtención del derecho, así como del artículo 12, que regula el modo de solicitar el reconocimiento de dicho derecho.

Es conveniente recordar que, sea cual sea la capacidad económica del sujeto (que es el criterio general al que anuda la Ley la concesión del derecho a la justicia gratuita), se reconoce dicho derecho a las víctimas de violencia de género, de terrorismo y de trata de seres humanos en aquellos procesos que tengan vinculación, deriven o sean consecuencia de su condición de víctimas, así como a los menores de edad y las personas con discapacidad intelectual o enfermedad mental cuando sean víctimas de situaciones de abuso o maltrato, así como a quienes a causa de un accidente acrediten secuelas permanentes que les impidan totalmente la realización de las tareas de su ocupación laboral o profesional habitual y requieran la ayuda de otras personas para realizar las actividades más esenciales de la vida diaria, cuando el objeto del litigio sea la reclamación de indemnización por los daños personales y morales sufridos. Este derecho asistirá también a los causahabientes en caso de fallecimiento de la víctima, siempre que no fueran partícipes en los hechos.

F) OTRAS NOVEDADES: EL DEBER DE INFORMAR DEL PLAZO MÁXIMO Y DEL PROCEDIMIENTO DE HABEAS CORPUS

Además de estos derechos de nueva creación, introducidos por las reformas del año 2015, merece especial atención la nueva prevención legal relativa a que a todo detenido **deberá ser informado del plazo máximo legal de duración de la detención hasta la puesta a disposición de la autoridad judicial y del procedimiento por medio del cual puede impugnar la legalidad de su detención**.

Respecto de lo primero, ha de recordarse que el plazo máximo de duración de la detención será el mínimo necesario para la realización de las diligencias y, en todo caso, el de 72 horas (con las especialidades previstas en la legislación antiterrorista).

En cuanto al procedimiento por medio del cual puede impugnarse la legalidad de la detención, la ley se refiere, evidentemente, al procedimiento de Habeas Corpus. Con la finalidad de evitar demoras indeseables en la tramitación de las diligencias policiales que, en definitiva, pueden repercutir en el tiempo en que una persona permanece privado de libertad, es necesario explicar convenientemente a los detenidos en qué consiste el procedimiento de Habeas Corpus para que no soliciten dicho procedimiento sin causa justificada y en la creencia de que, invocando dicho derecho, su situación de privación de libertad va a durar menos tiempo. En cualquier caso, una vez explicado con detalle al detenido las características y finalidades de este procedimiento, si el detenido solicita el Habeas Corpus habrá que, lógicamente, comunicarlo al juez de forma inmediata para que este disponga lo que corresponda en relación a dicha petición.

En todo caso, indica ahora la ley que la información a la que se refiere el apartado anterior (es decir, la información de sus derechos y del tiempo máximo de la detención y forma de impugnar la legalidad de su detención) se facilitará en un lenguaje comprensible y que resulte accesible al destinatario, debiendo, a tales efectos, adaptarse la información a la edad, grado de madurez, discapacidad y cualquier otra circunstancia personal del detenido de la que pueda derivarse una limitación de la capacidad para entender el alcance de la información que se le facilita. Esto quiere decir que si, por cualquier circunstancia (por ejemplo, el estado de embriaguez del detenido) éste no es capaz de entender las explicaciones que le dé el funcionario policial, dicha información deberá facilitársele tan pronto como recupere el nivel de conciencia necesario para entender lo que se le dice. En cualquier caso y como se ha dicho ya en muchas ocasiones, sí como consecuencia de estas circunstancias la información de derechos se demora, habrá que hacerse constar expresamente en el atestado.

Un claro reflejo de la intención del legislador de que la modificación de los derechos de las personas privadas de libertad no tenga excepción alguna es la introducción de un nuevo artículo 520 ter que dispone que *"A los detenidos en espacios marinos por la presunta comisión de los delitos contemplados en el artículo 23.4.d) de la Ley Orgánica 6/1985, de 1 de julio, del Poder Judicial, les serán aplicados los derechos reconocidos en el presente capítulo en la medida que resulten compatibles con los medios personales y materiales existentes a bordo del buque o aeronave que practique la detención, debiendo ser puestos en libertad o a disposición de la autoridad judicial competente tan pronto como sea posible, sin que pueda exceder del plazo máximo de setenta y dos horas. La puesta a disposición judicial podrá realizarse por los medios telemáticos de los que disponga el buque o aeronave, cuando por razón de la distancia o su situación de aislamiento no sea posible llevar a los detenidos a presencia física de la autoridad judicial dentro del indicado plazo".*

G) LA DETENCIÓN DE LOS MENORES DE EDAD

La reforma modifica ligeramente la regulación de la detención de los menores de edad al indicar que dicha detención deberá ser comunicada de forma inmediata al Ministerio Fiscal, lo que habrá de hacerse en todo caso y no sólo cuando, como indicaba la anterior redacción, no fueran halladas las personas que ejercieran la patria potestad, la tutela o la guarda de hecho del menor. Así debe entenderse la expresión que utiliza ahora el artículo 520.4 de la Ley de Enjuiciamiento Criminal de que el menor detenido "será puesto a disposición de las Secciones de Menores de la Fiscalía". Ningún sentido tendría, e incluso podría resultar contrario al derecho a la igualdad que consagra el artículo 14 de la Constitución, que los menores detenidos tuvieran que ser puestos a disposición de la fiscalía en todo caso, sin que pudieran ser puestos en libertad por las propias autoridades gubernativas que hubieran practicado la detención, haciéndolos de peor condición que los mayores de edad.

Se añade, en relación a la detención de menores, la prevención de que, en caso de conflicto de intereses con quienes ejerzan la patria potestad, la tutela o la guarda de hecho del menor, se le nombrará un defensor judicial, a quien se pondrá en conocimiento el hecho y el lugar de la detención. Evidentemente, la designación de dicho defensor corresponderá a la Fiscalía de Menores o al Juzgado de Menores, en caso de que la detención se produzca en horas de audiencia.

También se introduce en la Ley la prevención de que si el detenido tuviere su capacidad modificada judicialmente, la información que prevé el artículo 520.2 se comunicará a quienes ejerzan la tutela o guarda de hecho del mismo, dando cuenta al Ministerio Fiscal de esta circunstancia. Esta prevención es completamente lógica por cuanto esas personas carecen de la capacidad jurídica necesaria para ejercer sus derechos, si bien hubiera sido deseable que el legislador hubiera previsto que, en cualquier caso, también se facilitara la información al propio detenido puesto que es perfectamente posible que, aunque su capacidad esté judicialmente modificada, tenga el suficiente discernimiento para comprender cuáles son sus derechos o, cuando menos, alguno de estos. En consecuencia, parece que lo más razonable es realizar la información de derechos tanto a sus representantes legales como al propio interesado.

Sigue reiterando innecesariamente la Ley, como ya hacía antes, que si el detenido menor o con capacidad modificada judicialmente fuera extranjero el hecho de la detención se notificará al cónsul de su país; prevención que, con carácter general, se aplica respecto de todos los detenidos extranjeros, sean mayores o menores de edad.

LA NUEVA REGULACIÓN DE LA INCOMUNICACIÓN DE LOS DETENIDOS

Esta materia estaba regulada, con anterioridad a la reforma, en los artículos 509, 510 y 527 de la Ley de Enjuiciamiento Criminal, que han sido modificados por la Ley Orgánica 13/2015, de 5 de octubre, de modificación de la Ley de Enjuiciamiento Criminal para el fortalecimiento de las garantías procesales y la regulación de las medidas de investigación tecnológica.

La reforma ha modificado el tenor literal del artículo 509, manteniendo el carácter excepcional de esta medida, que en cualquier caso deberá adoptarse mediante resolución judicial motivada, de forma que únicamente la autoridad judicial puede acordarla, pero no la policía ni el Ministerio Fiscal, quienes, en su caso, deberán solicitar la adopción de dicha medida del juez de Instrucción, sin perjuicio de aplicarla desde que se constate la existencia de los motivos que justifican dicha medida, procediendo con posterioridad el Juez de Instrucción a ratificar o no dicha incomunicación de hecho policialmente acordada.

A) PRESUPUESTOS PARA LA ADOPCIÓN DE LA MEDIDA

Conforme a la nueva redacción del artículo 509, solo podrá adoptarse la incomunicación de detenidos y presos cuando concurra alguna de las siguientes circunstancias:

a) Necesidad urgente de evitar graves consecuencias que puedan poner en peligro la vida, la libertad o la integridad física de una persona, o
b) Necesidad urgente de una actuación inmediata de los jueces de instrucción para evitar comprometer de modo grave el proceso penal.

Se ha criticado por la doctrina, y con razón, la absoluta inconcreción de las expresiones que utiliza el legislador para determinar los presupuestos de cualquier incomunicación de detenido o preso. En cualquier caso, las expresiones elegidas por el legislador evidencian que esta medida únicamente podrá acordarse cuando la misma sea imprescindible para evitar una consecuencia negativa de entidad, bien para una persona, bien para el propio procedimiento penal, y no existan otras medidas, de similar eficacia, para conjurar dichos riesgos. Así se desprende, además del carácter excepcional que la ley sigue diciendo que tiene esta medida.

B) PLAZO MÁXIMO

El plazo máximo de la incomunicación se sigue manteniendo en cinco días, prorrogables por otros cinco cuando se trata de investigar delitos de terrorismo o bandas armadas o delitos cometidos concertadamente y de forma organizada por dos o más personas, exigiendo la Ley, como no puede ser de otro modo, que esta medida se acuerde en resolución judicial debidamente motivada.

A diferencia de lo que ocurría con anterioridad a la reforma, ya no prevé la Ley que la medida de incomunicación pueda volver a acordarse una vez ha transcurrido el plazo máximo previsto en la ley (cinco –o diez días para los casos de terrorismo y delincuencia organizada–) *"siempre que el desenvolvimiento ulterior de la investigación o de la causa ofreciese méritos para ello"* (supuesto en el que la redacción anterior permitía un nuevo plazo de incomunicación, si bien por plazo inferior, de tres días). En consecuencia, a partir de la entrada en vigor de esta reforma no podrá volverse a incomunicar a una persona una vez que haya transcurrido el plazo máximo que la ley prevé para esta medida excepcional.

C) CONSECUENCIAS Y EFECTOS DE LA MEDIDA

También se ha reformado el artículo 527 de la Ley de Enjuiciamiento Criminal, que es el que establece cuáles son las consecuencias de la incomunicación (aparte de las previstas en el artículo 510, que no ha sido modificado por la reforma). Con anterioridad a la reforma, la incomunicación producía, siempre y en todo caso, los mismos efectos, sin posibilidad de modular el alcance de la referida medida. Por el contrario, según la nueva redacción de dicho precepto, será el juez quien, en el auto en la que se acuerde la incomunicación, establezca con precisión cuáles son los derechos de los que debe verse privado el detenido o preso incomunicado, de entre los que prevé el propio artículo 527:

a) Designar un abogado de su confianza.
b) Comunicarse con todas o alguna de las personas con las que tenga derecho a hacerlo, salvo con la autoridad judicial, el Ministerio Fiscal y el Médico Forense.
c) Entrevistarse reservadamente con su abogado.
d) Acceder él o su abogado a las actuaciones, salvo a los elementos esenciales para poder impugnar la legalidad de la detención.

Esta última previsión plantea los mismos problemas de interpretación que los que ha generado el nuevo derecho de acceso a los elementos esenciales de las actuaciones por parte de los letrados. Una interpretación finalista de esta expresión permite afirmar que, si bien el auto de incomunicación podrá acordar que el detenido o su letrado, o ambos (pues, al usar el legislador la disyuntiva *"o"*, es perfectamente posible que el juez decida que quien no tenga acceso a las actuaciones sea el propio detenido, pero no su abogado) no tengan acceso a las actuaciones, en ningún caso se podrá impedir al detenido y a su abogado acceder a los datos relativos a la fecha y hora de la detención, al haber recibido el detenido información cumplida sobre sus derechos y los hechos que se le imputan y a que la detención se está llevando a cabo con respeto a la integridad física y a la dignidad del detenido, pues son todas estas cuestiones las que podrían, en su caso, generar la ilegalidad de esa privación de libertad.

En cualquier caso, parece que lo más oportuno para evitar problemas en la aplicación de esta restricción de los derechos de los detenidos incomunicados es que, en el propio auto judicial que determine dicha medida, se indique qué elementos de las diligencias han de ser puestos a disposición del abogado y del detenido para poder cumplir con esta nueva exigencia legal.

Cuando la restricción de derechos sea solicitada por la Policía Judicial o por el Ministerio Fiscal, indica la ley, para evitar que la demora en la adopción, por parte del juez, de esta medida pueda frustrar la consecución de los fines que justifican su adopción, que se entenderán acordadas las medidas que hayan sido instadas, por un plazo máximo de veinticuatro horas, dentro del cual el juez habrá de pronunciarse sobre la solicitud, así como sobre la pertinencia de acordar el secreto de las actuaciones.

D) GARANTÍAS EN SU EJECUCIÓN

Para finalizar, ha de hacerse mención a las nuevas garantías que legislador ha dispuesto en la Ley de Enjuiciamiento Criminal para controlar la situación de los detenidos o presos durante estos periodos excepcionales en los que sus derechos quedan restringidos en mayor o menor medida. A tal efecto, dispone la ley que el juez deberá controlar efectivamente las condiciones en que se desarrolle la incomunicación, a cuyo efecto podrá requerir información a fin de constatar el estado del detenido o preso y el respeto de sus derechos. Esta previsión legal es obvia y no hubiera sido necesaria su previsión expresa desde el momento en que es claro que el juez, como último garante de los derechos fundamentales de los ciudadanos, puede, en cualquier momento, requerir a las fuerzas de seguridad información sobre la situación de una persona privada de libertad, esté o no incomunicada, pudiendo, incluso, personarse en el lugar donde se encuentra el detenido para comprobar, *in situ*, el efectivo respeto de sus derechos constitucionales y legales, pues así se deriva no sólo del artículo 526 de la Ley de Enjuiciamiento Criminal (que, lógicamente, habrá de interpretarse conforme a la organización y realidad judicial actual) sino de la propia Ley Orgánica 6/1984, de 24 de mayo, reguladora del procedimiento de Habeas Corpus, cuyo artículo tercero dispone que dicho procedimiento, previsto para la tutela judicial de los derechos de las personas privadas de libertad, podrá ser iniciado de oficio por el juez competente, que es, a estos efectos, el del lugar donde se encuentre la persona detenida.

Con esa finalidad tuitiva de los derechos de las personas detenidas bajo el régimen de la incomunicación, se ha añadido tras la reforma la previsión de que sean obligatorios, al menos, dos reconocimientos médicos cada 24 horas, según criterio facultativo, si bien este obligatorio control médico del desarrollo de la incomunicación únicamente lo prevé la Ley en los casos en los que la incomunicación restrinja el derecho del detenido a comunicarse con todas o alguna de las personas con las que tenga derecho a hacerlo, pues, evidentemente, sólo en ese caso tiene sentido la previsión legal de control médico de dicha incomunicación.

LA NUEVA REGULACIÓN DEL DERECHO DE DEFENSA: LA REFORMA DEL ARTÍCULO 118

Otra importantísima reforma producida en la Ley de Enjuiciamiento Criminal ha sido la modificación del artículo 118, que históricamente recogía, de forma sumamente parca y claramente insuficiente, el denominado *"derecho de defensa"*, esencial en un proceso penal respetuoso con los derechos fundamentales de los ciudadanos y directamente exigido por el artículo 24.1 de nuestra Constitución, que consagra expresamente dicho derecho como uno de los fundamentales de los ciudadanos al decir que *"Todas las personas tienen derecho a obtener la tutela efectiva de los jueces y tribunales en el ejercicio de sus derechos e intereses legítimos, sin que, en ningún caso, pueda producirse indefensión. 2. Asimismo, todos tienen derecho al Juez ordinario predeterminado por la ley, a la defensa y a la asistencia de letrado, a ser informados de la acusación formulada contra ellos, a un proceso público sin dilaciones indebidas y con todas las garantías, a utilizar los medios de prueba pertinentes para su defensa, a no declarar contra sí mismos, a no confesarse culpables y a la presunción de inocencia"*. El derecho a la tutela judicial efectiva sin indefensión, el derecho a la defensa, el derecho a un proceso público con todas las garantías y el derecho a utilizar los medios de prueba pertinentes para su defensa son exigencias esenciales en un estado democrático respetuoso con los derechos fundamentales y libertades públicas.

Ejemplo paradigmático de la desidia del legislador respecto de los derechos de los ciudadanos en el curso del proceso penal ha sido la falta de una regulación acorde con los principios constitucionales de este fundamental y esencial derecho tras más de 38 años de entrada en vigor de nuestro actual texto constitucional. Insuficiencia de la regulación que ha venido a ser paliada mediante las dos modificaciones que ha sufrido el artículo 118 durante el pasado año 2015 través de las leyes orgánicas 5/2015 y 13/2015, tal y como hemos visto al principio. A fin de evitar confusiones, estudiaremos exclusivamente la reacción final del artículo 118, tal y como ha quedado tras la Ley Orgánica 13/2015.

El artículo 118 comienza afirmando, de forma categórica y tajante, la vigencia de este derecho fundamental en el proceso penal español al decir que

"Toda persona a quien se atribuya un hecho punible podrá ejercitar el derecho de defensa, interviniendo en las actuaciones, desde que se le comunique su existencia, haya sido objeto de detención o de cualquier otra medida cautelar o se haya acordado su procesamiento". Y por si quedara alguna duda, finaliza el citado artículo diciendo, en su apartado 5, que *"la admisión de denuncia o querella, y cualquier actuación procesal de la que resulte la imputación de un delito contra persona o personas determinadas, serán puestas inmediatamente en conocimiento de los presuntamente responsables".*

— Contenido y alcance del derecho de defensa

En la anterior regulación, el derecho de defensa no tenía un contenido concreto y definido, limitándose la ley a indicar que el mismo podría ser ejercido desde que se comunicará a la persona a la que se le imputaba un hecho punible la existencia del procedimiento, hubiera sido o no adoptada contra él algún tipo de medida cautelar. Tras la reforma, la propia Ley de Enjuiciamiento Criminal delimita el contenido preciso de dicho derecho, que podrá ejercitarse desde el primer momento en el que se le comunique a una persona la existencia de una causa penal contra ella y que viene integrado, conforme dispone el artículo 118.1, por los siguientes derechos:

a) Derecho a ser informado de los hechos que se le atribuyan, así como de cualquier cambio relevante en el objeto de la investigación y de los hechos imputados. Esta información será facilitada con el grado de detalle suficiente para permitir el ejercicio efectivo del derecho de defensa.
b) Derecho a examinar las actuaciones con la debida antelación para salvaguardar el derecho de defensa y en todo caso, con anterioridad a que se le tome declaración.
c) Derecho a actuar en el proceso penal para ejercer su derecho de defensa de acuerdo con lo dispuesto en la ley.
d) Derecho a designar libremente abogado, sin perjuicio de lo dispuesto en el apartado 1 a) del artículo 527.
e) Derecho a solicitar asistencia jurídica gratuita, procedimiento para hacerlo y condiciones para obtenerla.
f) Derecho a la traducción e interpretación gratuitas de conformidad con lo dispuesto en los artículos 123 y 127.
g) Derecho a guardar silencio y a no prestar declaración si no desea hacerlo, y a no contestar a alguna o algunas de las preguntas que se le formulen.
h) Derecho a no declarar contra sí mismo y a no confesarse culpable.

Como puede observarse, los derechos que integran el derecho de defensa en el proceso penal vienen a ser equivalentes a los derechos del detenido.

No obstante, la ley no recoge entre esos derechos los que únicamente pueden ser aplicados a una persona privada de libertad (como el derecho a ser reconocido por un médico, o ser visitado por las autoridades consulares, o efectuar una llamada, etc.). Por otra parte, se incluyen dentro de este elenco de derechos algunos que no parecen previstos en el artículo 520 de la Ley de Enjuiciamiento Criminal, siendo ello plenamente lógico, pues el derecho de defensa es mucho más amplio que los derechos que la ley atribuye a una persona detenida o presa.

Esta diferente regulación de derechos contenida en el artículo 520 y en el artículo 118, lo que no ocurría con anterioridad, permite ahora ser mucho más preciso a la hora de informar a una persona de cuáles son sus derechos, según se encuentre detenida en dependencias policiales o dicha información de derechos se realice una vez que ya se encuentra en el propio Juzgado, esté o no detenida. Así lo recoge expresamente el legislador en la exposición de motivos de la Ley que introdujo estas modificaciones, de forma que a partir de ahora la información que debe darse en el Juzgado a una persona que ostenta la condición de sujeto pasivo del procedimiento, esto es, aquella persona frente a la que se dirige el proceso para esclarecer su participación en unos hechos que revisten caracteres de delito, será la prevista en este artículo 118 y no en el artículo 520, que deberá dejarse para los casos de detenciones policiales. Ello es así incluso en el caso de que la primera información de derechos al investigado se realice estando éste detenido por cuanto, desde el mismo momento en que el detenido es puesto a disposición judicial, ya ostenta la condición de parte en el procedimiento penal y, por lo tanto, es titular de los derechos, más amplios y pensados para ser ejercidos en el proceso, que se recogen en el artículo 118 de la Ley de Enjuiciamiento Criminal.

En cualquier caso, dispone ahora la ley que esta información de los nuevos derechos que ostenta el investigado en el proceso penal deberá realizarse *"sin demora injustificada"*, lo que evidencia la preocupación del legislador por evitar situaciones de indefensión que pudieran estar provocadas por el hecho de seguirse un procedimiento penal contra una persona concreta y determinada sin conocimiento de ésta y, por lo tanto, sin que dicha persona pudiera ejercer el derecho de defensa que estudiamos, lo que vulnera el artículo 24 de la Constitución, antes mencionado, y podría dar lugar a la nulidad de toda la instrucción o, al menos, de las diligencias practicadas a espaldas del afectado por las mismas.

No obstante, la ley utiliza, como ocurre en el artículo 520, el adjetivo *"injustificada"*, lo que significa que habrá ocasiones en las que la demora en la puesta en conocimiento del investigado de la existencia del procedimiento esté justificada y su falta de conocimiento de la existencia del proceso no constituya infracción de ningún tipo. Así ocurrirá, por ejemplo, cuando se declare el secreto de las diligencias, obviamente, pero también cuando el proceso se encuentra una etapa muy inicial en la que las investigaciones no permiten, todavía, atribuir con claridad, aunque sea desde el punto de vista indiciario, el delito que se trata de esclarecer a una persona concreta, supuesto en el cual no será todavía necesario comunicar la existencia de ese proceso a esa persona, lo que deberá hacerse cuando, de las diligencias policiales o judiciales, se desprendan ya claras sospechas de la participación de éste en la comisión del delito. Otra alternativa será la declaración del secreto de las actuaciones para evitar el conocimiento prematuro, por parte del sujeto pasivo del proceso, de la apertura de las diligencias, con la consiguiente posibilidad de obstaculización de la investigación o destrucción, alteración o inutilización de pruebas por parte del investigado.

De forma similar a lo que ocurre también en el artículo 520, dispone el artículo 118 que la información se facilitará en un lenguaje comprensible y que resulte accesible. A estos efectos se adaptará la información a la edad del destinatario, su grado de madurez, discapacidad y cualquier otra circunstancia personal de la que pueda derivar una modificación de la capacidad para entender el alcance de la información que se le facilita.

— Análisis de los derechos que integran el derecho de defensa

Examinemos, a continuación, cada uno de los nuevos derechos recogidos en el artículo 118 LECRIM.

a) Derecho a ser informado de los hechos que se le atribuyan, así como de cualquier cambio relevante en el objeto de la investigación y de los hechos imputados. Esta información será facilitada con el grado de detalle suficiente para permitir el ejercicio efectivo del derecho de defensa.

Al igual que al detenido ha de informársele de los hechos que se le imputan y de las razones motivadoras de su detención, al investigado hay que comunicarle qué hechos se le atribuyen, lo que implica, como lógica consecuencia, que si se produce un cambio en el objeto del proceso, por ampliarse éste o modificarse los hechos que inicialmente se investigaban, habrá, igualmente, de comunicársele dicho cambio. Dice la ley que esta información deberá dársele con el grado de detalle suficiente para permitir el ejercicio efectivo del derecho de defensa, lo que exigirá del juez un esfuerzo para concretar qué hechos se atribuyen a cada uno de los investigados, lo cual, en muchas ocasiones, sobre todo al inicio del proceso, será especialmente difícil, siendo en ese caso suficiente con informar, con carácter general, sobre la finalidad de la investigación judicial y los delitos que se tratan de esclarecer. Será conforme avance la investigación y se concreten las respectivas responsabilidades por parte de cada uno de los investigados cuando el juez podrá concretar más los hechos que se atribuyen a cada uno de ellos. Evidentemente, la concreción definitiva de los hechos en la fase de instrucción vendrá expuesta judicialmente en el auto de transformación de las diligencias previas en procedimiento abreviado, previsto en el artículo 779 de la Ley de Enjuiciamiento Criminal, o en las demás resoluciones que, en los diferentes tipos de procesos que prevé nuestra legislación procesal, tienen como función de terminar el objeto del procedimiento y las personas frente a las que se dirige.

b) Derecho a examinar las actuaciones con la debida antelación para salvaguardar el derecho de defensa y en todo caso, con anterioridad a que se le tome declaración.

Esta previsión legal introducida en el artículo 118 ya estaba recogida con anterioridad, aunque se aplicaba solamente al Procedimiento Abreviado, no al resto de procedimientos de investigación y enjuiciamiento penal, tal y como hemos dicho con anterioridad. La reforma amplía a todos los tipos de procedimientos este derecho, esencial para un correcto ejercicio del derecho de defensa en el proceso penal, pues difícilmente se podrá defender una persona de algo que le es desconocido, tal y como ocurría en tiempos pretéritos en sistemas inquisitoriales completamente incompatibles con los derechos fundamentales que recoge el artículo 24 de nuestra Constitución.

c) Derecho a actuar en el proceso penal para ejercer su derecho de defensa de acuerdo con lo dispuesto en la ley.

Este derecho es la materialización más esencial del derecho de defensa y determina que la persona sometida a un proceso penal podrá desplegar en él, a través de su abogado (puesto que la asistencia letrada es preceptiva en todos los procedimientos penales, con excepción de algunos juicios por delitos leves) todas las facultades procesales que prevé la Ley de Enjuiciamiento Criminal en orden a, por ejemplo, pedir diligencias de investigación, impugnar las que las demás partes soliciten, recurrir las resoluciones del juez en los casos y forma previstos en la ley, estar presente en las actuaciones y diligencias que se practiquen en la fase de instrucción, etc.

d) Derecho a designar libremente abogado, sin perjuicio de lo dispuesto en el apartado 1 a) del artículo 527.

Ya se ha dicho que la asistencia letrada en el proceso penal es imperativa en España, salvo, por excepción, respecto de aquellos delitos leves que, con anterioridad a la reforma introducida en el Código Penal por la Ley Orgánica

1/2015, eran meras faltas. La asistencia letrada sigue siendo obligatoria incluso en los delitos leves cuando se trate de aquellos delitos que antes eran delitos menos graves pero que, como consecuencia de la modificación introducida por la ley anteriormente mencionada en los artículos 13 y 33 del Código Penal, pasaron a convertirse en delitos leves (artículo 967.2 LECRIM). Estos nuevos delitos leves que antes eran menos graves, en los que sigue siendo necesaria la asistencia letrada a pesar de enjuiciarse por los trámites del procedimiento para delitos leves, son los siguientes:

— Art. 163.4 (detención ilegal de una persona para presentarla a la autoridad);
— Art. 195.1 (omisión del deber de socorro);
— Art. 236.1 (furtum possesionis);
— Art. 245.2 (ocupación no violenta de inmuebles);
— Art. 246.1 (alteración de términos o lindes);
— Art. 247.1 (distracción de aguas);
— Art. 254.1 (apropiación indebida);
— Art. 255.1 (defraudación de energía eléctrica y análogas);
— Art. 256 (utilización no autorizada de terminales de telecomunicación);
— Art. 267 (daños por imprudencia grave);
— Art. 324 (daños por imprudencia grave en archivos, registros, etcétera);
— Art. 397 (libramiento de certificados falsos por facultativo);
— Art. 399.1 (falsificación de certificados por particular);
— Art. 456.1.3.o (acusación y denuncia falsa de un delito leve);
— Art. 465.2 (destrucción de documentos o actuaciones por particular);
— Art. 470.3 (evasión del condenado realizada por pariente).

La exigencia de la asistencia letrada en el proceso penal ha sido reiteradamente confirmada por la jurisprudencia del Tribunal Constitucional y del Tribunal Supremo. En efecto, el derecho de asistencia letrada en el proceso penal es una garantía constitucional que se convierte en una *"exigencia estructural del proceso tendente a asegurar su correcto desenvolvimiento"*, cuyo sentido es satisfacer el fin común a toda asistencia letrada, que es el de *"lograr el adecuado desarrollo del proceso como mecanismo instrumental introducido por el legislador con miras a una dialéctica procesal efectiva que facilita el órgano judicial la búsqueda de una Sentencia ajustada a Derecho"* (SSTC 47/1987, de 22 de abril, FJ 3; 233/1998, de 1 de diciembre, FJ 3; 189/2006, de 19 de junio, FJ 2). Y en estos casos *"la conexión existente entre el derecho a la asistencia letrada y la institución misma del proceso determina incluso que la pasividad del titular del derecho deba ser suplida por el órgano judicial para cuya propia actuación, y no sólo para el mejor servicio de los derechos e intereses del defendido, es necesaria la asistencia del Letrado"* (con numerosas citas, STC 189/2006, de 19 de junio, FJ 2). La necesidad constitucional de asistencia letrada viene determinada por la finalidad que este derecho cumple. De este modo, si lo que se trata es de garantizar la igualdad de las partes y la efectiva contradicción para el correcto desarrollo del debate procesal, *"será constitucionalmente obligada la asistencia letrada allí donde la capacidad del interesado, el objeto del proceso o su complejidad técnica hagan estéril la autodefensa que el mismo puede ejercer mediante su comparecencia personal... (STC 47/1987, fundamento jurídico 3)".*

La mención, en este apartado, del artículo 527, que como ya hemos visto hace referencia a las consecuencias de la incomunicación de detenidos y presos, debe entenderse en el sentido de que, mientras dure la incomunicación y siempre y cuando la resolución judicial que la acuerde determine que el abogado que asistirá al detenido o preso incomunicado deberá ser de oficio, el derecho a designar abogado de su libre elección quedará en suspenso, volviendo a recuperar toda su significación una vez que la incomunicación haya cesado.

La importancia de este derecho a la asistencia letrada en el proceso penal se evidencia, aún más, si cabe, al indicar el legislador, en el párrafo segundo del artículo 118.2, que el derecho de defensa comprende la asistencia letrada de un abogado de libre designación o, en su defecto, de un abogado de oficio, con el que podrá comunicarse y entrevistarse reservadamente, incluso antes de que se le reciba declaración por la policía, el fiscal o la autoridad judicial, sin perjuicio de lo dispuesto en el artículo 527, y que estará presente en todas sus declaraciones, así como en las diligencias de reconocimiento, careos y reconstrucción de hechos.

e) Derecho a solicitar asistencia jurídica gratuita, procedimiento para hacerlo y condiciones para obtenerla.

Ya hemos indicado con anterioridad que dicho derecho aparece regulado en la ley 1/1996, de 10 de enero y en el reglamento que la desarrolla, aprobado por real decreto 996/2003, de 25 de julio. No es necesario, en consecuencia, extenderse nuevamente sobre la cuestión.

f) Derecho a la traducción e interpretación gratuitas de conformidad con lo dispuesto en los artículos 123 y 127.

Los artículos 123 a 127 han sido objeto de una profunda modificación por la Ley Orgánica cinco/2015, de 27 de abril, tal como hemos visto al inicio de este trabajo. Dejando aparte las disposiciones directamente dirigidas a los jueces, únicamente resaltaremos que, conforme al primero de los preceptos indicados, los investigados o encausados que no hablen o entiendan el castellano o la lengua oficial en la que se desarrolle la actuación judicial de que se trate y, por extensión, también el de la actuación policial encaminada a ser posteriormente incorporada, a través de un atestado, en el proceso penal, tienen los siguientes derechos:

a) Derecho a ser asistidos por un intérprete que utilice una lengua que comprenda durante todas las actuaciones en que sea necesaria su presencia, incluyendo el interrogatorio policial o por el Ministerio Fiscal y todas las vistas judiciales.
b) Derecho a servirse de intérprete en las conversaciones que mantenga con su Abogado y que tengan relación directa con su posterior interrogatorio o toma de declaración, o que resulten necesarias para la presentación de un recurso o para otras solicitudes procesales.
c) Derecho a la interpretación de todas las actuaciones del juicio oral.
d) Derecho a la traducción escrita de los documentos que resulten esenciales para garantizar el ejercicio del derecho a la defensa. Deberán ser traducidos, en todo caso, las resoluciones que acuerden la prisión del imputado, el escrito de acusación y la sentencia.
e) Derecho a presentar una solicitud motivada para que se considere esencial un documento.

Indica este precepto que todos los gastos de traducción e interpretación derivados del ejercicio de estos derechos serán sufragados por la Administración, con independencia del resultado del proceso, de lo que se deduce que no podrán incluirse dichos gastos en una futura e hipotética tasación de costas en el caso de que existiera una sentencia condenatoria de la persona que ha utilizado estos servicios de interpretación y traducción por desconocer o no entender el castellano o la lengua oficial que se use en el proceso.

g) Derecho a guardar silencio y a no prestar declaración si no desea hacerlo, y a no contestar a alguna o algunas de las preguntas que se le formulen.

Este derecho, al igual que el siguiente, deriva directamente del tenor del artículo 24 de la Constitución y forma parte, también, al igual que el derecho a la asistencia letrada, del núcleo del derecho de defensa en el proceso penal, de forma que el ejercicio de estos derechos, singularmente el de no declarar, no puede, en principio, causar perjuicio alguno al sujeto sometido a un proceso penal, si bien esta afirmación ha sido matizada por el Tribunal Supremo en el sentido de que, en los casos en que, del acervo probatorio con que cuente el tribunal que enjuicia los hechos, se concluyan claros indicios de responsabilidad penal por parte del acusado, el silencio de este, no dando una explicación o una versión que elimine o diluya el sentido y significado de dicho conjunto probatorio, podrá ser valorado por el Tribunal para dictar una sentencia condenatoria.

h) Derecho a no declarar contra sí mismo y a no confesarse culpable.

Este derecho es consecuencia necesaria del derecho de defensa e implica que nadie podrá ser obligado a declarar en contra de sus propios intereses o a confesarse culpable de los hechos que se le imputan en el proceso.

Una parte de la doctrina y algunas sentencias, sobre todo de algunas Audiencias Provinciales, realizan una interpretación extensiva de este derecho en el sentido de que el mismo incluye, no sólo el derecho a no realizar una manifestación o declaración verbal autoincriminatoria, sino que también alcanza y comprende al derecho a no colaborar, de ninguna manera, con las autoridades en el esclarecimiento de un delito, si bien esta interpretación extensiva no puede considerarse como comúnmente admitida.

— **Forma en que se ejerce este derecho**

Conforme al apartado 3 del artículo 118, *"para actuar en el proceso, las personas investigadas deberán ser representadas por procurador y defendidas por abogado, designándoseles de oficio cuando no los hubiesen nombrado por sí mismos y lo solicitaren, y en todo caso, cuando no tuvieran aptitud legal para hacerlo. Si no hubiesen designado procurador o abogado, se les requerirá para que lo hagan o se les nombrará de oficio si, requeridos, no los nombrasen, cuando la causa llegue a estado en que se necesite el consejo de aquéllos o haya de intentar algún recurso que hiciese indispensable su actuación"*.

Este apartado ya estaba previsto en el artículo 118 con anterioridad a la reforma que estudiamos y su mantenimiento por el legislador supone, a mi juicio, un claro error, desde el momento en el que es, claramente, contradictorio con lo dispuesto anteriormente como consecuencia de la reforma. En efecto, si desde dicha reforma el derecho de defensa debe facilitarse a toda persona sometida a un proceso penal y si dicho derecho ha de ejercerse, necesariamente, tal y como hemos visto, mediante asistencia letrada, que deberá proveerse o facilitarse al investigado desde el primer momento de las actuaciones, ningún sentido tiene que este apartado siga manteniendo que, en caso de que no hubiesen designado los sujetos pasivos del procedimiento abogado o procurador, se les requerirá para que los nombren y, si no lo hacen, se les nombrarán de oficio pero sólo *"cuando la causa llegue a un estado en que se necesite el consejo de aquéllos o haya de intentar algún recurso que hiciese indispensable su actuación"*, pues la causa ya habrá llegado a un estado en que se necesite el consejo de aquéllos desde el mismo momento en que se comunique al sujeto que existe un procedimiento penal abierto contra él. Al haber mantenido el legislador esta redacción se ha introducido una innecesaria inseguridad jurídica sobre el alcance del derecho de defensa en el proceso penal que, en mi opinión, deberá solventarse exigiendo, en todo caso, la asistencia letrada al investigado desde el mismo momento en que se ponga en su conocimiento la existencia del procedimiento penal. A esta conclusión se llega, igualmente, a la vista del tenor literal del artículo 767 de la Ley de Enjuiciamiento Criminal, aplicable al Procedimiento Abreviado, del que, ya con anterioridad a la reforma del artículo 118, se desprendía claramente la necesidad de la asistencia letrada desde el inicio mismo del procedimiento, al indicar el primero de dichos preceptos que *"desde la detención o desde que de las actuaciones resultare la imputación de un delito contra persona determinada será necesaria la asistencia letrada. La Policía Judicial, el Ministerio Fiscal o la autoridad judicial recabarán de inmediato del Colegio de Abogados la designación de un abogado de oficio, si no lo hubiere nombrado ya el interesado*". Este artículo 767 ha mantenido la misma redacción tras la reforma, de lo que se desprende que la interpretación que sostengo del artículo 118.3 es la correcta.

LA MODIFICACIÓN DEL SECRETO DE LAS DILIGENCIAS DE INSTRUCCIÓN

La Ley Orgánica 5/2015, de 27 de abril, por la que se modifican la Ley de Enjuiciamiento Criminal y la Ley Orgánica 6/1985, de 1 de julio, del Poder Judicial, para transponer la Directiva 2010/64/UE, de 20 de octubre de 2010, relativa al derecho a interpretación y a traducción en los procesos penales y la Directiva 2012/13/UE, de 22 de mayo de 2012, relativa al derecho a la información en los procesos penales y la Ley 4/2015, de Estatuto de la víctima del delito, han modificado levemente la regulación del secreto de las diligencias de instrucción.

Así, en el artículo 301 ya no se dice que dichas diligencias tendrán carácter secreto, sustituyéndose este término por el de *"reservado"*, lo que se considera razonable a fin de evitar la confusión que existía con anterioridad a la reforma entre el secreto *"ad extra"*, que impedía, al menos teóricamente, que el contenido de las diligencias sumariales fuera conocido más allá de los límites del procedimiento, pero que no alcanzaba a las partes personadas que, en virtud, precisamente, del derecho de defensa que hemos estudiado, tenían perfecto derecho a conocer el desarrollo de la investigación judicial y a participar en la misma en los términos indicados con anterioridad; y el secreto *"ad intra"*, situación que se producía mediante una declaración motivada de la autoridad judicial y que provocaba que ni siquiera las partes personadas en el procedimiento, salvo el Ministerio Fiscal, tuvieran conocimiento del contenido de las diligencias que se van practicando.

Actualmente, el artículo 301 reformado indica, con mayor precisión, que *"las diligencias del sumario serán reservadas y no tendrán carácter público hasta que se abra el juicio oral, con las excepciones determinadas en la presente ley"*, actualizando las sanciones que se pueden imponer a los profesionales (procuradores y abogados) que, en defensa o representación de las partes personadas, revelen indebidamente el contenido del sumario (se ha pasado de una irrisoria multa de 250 a 2500 Pts. –éste precepto no había sido modificado por ninguna de las leyes que reformaron la Ley de Enjuiciamiento Criminal desde la instauración del euro– a una multa de 500 a 10.000 €), siendo aplicable dicha multa a cualquier otra persona que, no siendo funcionario público, revelara indebidamente el contenido de las diligencias sumariales, y manteniendo el precepto que cuando sea un funcionario público quien revele indebidamente el contenido del sumario incurrirá en la responsabilidad que señala el Código Penal para estos casos.

Es en el artículo 302 donde se regula, propiamente, el instituto del secreto de las diligencias sumariales, indicando dicho precepto, tras la reforma, lo que no es sino la regla general ya mencionada relativa a que las partes personadas podrán, lógicamente y en virtud del derecho de defensa, tomar conocimiento de las actuaciones que se practiquen e intervenir en todas las diligencias del procedimiento, pero que, no obstante, el Juez de Instrucción podrá, bien de oficio, bien a petición de alguna de las partes, declarar la instrucción total o parcialmente secreta para todas las partes personadas, salvo para el Ministerio Fiscal, lo que deberá realizar mediante un auto motivado, manteniéndose la limitación temporal, que ya existía con anterioridad, de que dicha medida tendría una duración de un mes, sin perjuicio de la posibilidad de prorrogar la misma si fuera necesario, pero debiendo alzarse el secreto, en todo caso, con al menos 10 días de antelación a la terminación de la instrucción.

Esta medida solo es posible adoptarla cuando de la instrucción de delitos públicos o semipúblicos se trate, pero no cabrá en la instrucción de los delitos privados, esto es, aquellos que requieren para la iniciación del proceso penal la querella del ofendido (en la actualidad, únicamente tienen este carácter los delitos de injurias y calumnias contra particulares).

Lo más relevante de la reforma es la modificación de los supuestos en los que cabe adoptar esta medida, que son los siguientes:

a) Evitar un riesgo grave para la vida, libertad o integridad física de otra persona; o
b) Prevenir una situación que pueda comprometer de forma grave el resultado de la investigación o del proceso.

Ha de reiterarse aquí lo que ya dijimos cuando hablábamos de la incomunicación de detenidos y presos respecto de los problemas interpretativos que este tipo de expresiones que utiliza el legislador van a provocar en la práctica.

Ahora bien, el secreto de las actuaciones no es absoluto después de la reforma, por cuanto el último párrafo del artículo 302 indica que lo dispuesto en este artículo se entenderá sin perjuicio de lo previsto en el párrafo segundo del apartado tres del artículo 505, que dice que el abogado del investigado o encausado tendrá, en todo caso, acceso a los elementos de las actuaciones que resulten esenciales para impugnar la privación de libertad del investigado o encausado. Debe reiterarse aquí lo ya indicado en relación esta expresión cuando hablábamos del acceso del abogado a las actuaciones policiales, en el sentido de que, en todo caso, el abogado tendrá derecho a conocer los datos relativos al lugar, fecha y hora de la detención de su cliente y los hechos que han motivado dicha privación de libertad.

De igual manera, y conforme al artículo 506.2 de la Ley de Enjuiciamiento Criminal (que no ha sido modificado tras la reforma), si la causa hubiera sido declarada secreta, en el auto de prisión se expresarán los particulares del mismo que, para preservar la finalidad del secreto, hayan de ser omitidos de la copia que haya de notificarse, si bien, en ningún caso, se omitirá en la notificación una sucinta descripción del hecho imputado y de cuál o cuáles de los fines previstos en el artículo 503 se pretende conseguir con la prisión, añadiendo dicho precepto que cuando se alce secreto de sumario, se notificará de inmediato el auto de prisión íntegro al investigado o encausado.

LA REFORMA DE LA DURACIÓN DE LA INSTRUCCIÓN Y SUS CONSECUENCIAS

Una de las medidas estrella de la reforma introducida por la Ley 41/2015 ha sido la modificación del artículo 324 de la Ley de Enjuiciamiento Criminal. Éste precepto, con anterioridad a la reforma, contenía unas disposiciones que, en la práctica, carecían de virtualidad alguna, pues establecía que, cuando hubiera pasado un mes desde la incoación del sumario, el secretario judicial debería dar parte semanal al presidente de la Audiencia respectiva y al fiscal jefe, quienes, en su caso, podrían adoptar las disposiciones que consideraran oportunas para la más pronta terminación del sumario.

Ante la inoperancia de este exiguo plazo de un mes que establecía este precepto, que además únicamente era de aplicación a los procedimientos que se tramitaran por las reglas del sumario y no a los demás, singularmente al Procedimiento Abreviado para determinados delitos, que es el procedimiento a través del cual se instruyen el noventa por ciento de las causas penales en nuestro país, el legislador ha querido introducir unos plazos que, según la exposición de motivos, son más realistas para la terminación de la instrucción de las causas penales, si bien está bienintencionada pretensión ha chocado, en el día a día de nuestros juzgados, con la dura realidad de que, como consecuencia del exceso de trabajo que la inmensa mayoría de los órganos jurisdiccionales españoles sufre y la falta de medios con la que han de desarrollar sus funciones la mayoría de los jueces de instrucción, va a resultar muy difícil, por no decir imposible, terminar las instrucciones en tan exiguos plazos como son los que establece el nuevo artículo 324 que seguidamente examinaremos.

La constatación de que dichos plazos difícilmente van a poder ser cumplidos provocó que la totalidad de las asociaciones de jueces y fiscales, así como numerosos operadores jurídicos y varios partidos políticos que no apoyaron la reforma, solicitaran la modificación del texto remitido a las Cortes o, como mínimo, una ampliación de la "vacatio legis" de este precepto, pretensiones que no fueron escuchadas por el partido en el gobierno, que finalmente aprobó la reforma, lo que ha provocado graves disfunciones en el funcionamiento de los juzgados y, sobre todo, de las fiscalías, que carecen de los medios humanos e informáticos necesarios para el adecuado control de los cientos de miles de procedimientos penales que se instruyen en los juzgados españoles.

Pasemos ahora estudiar la modificación del artículo 324 de la Ley de Enjuiciamiento Criminal, que regula los plazos para la instrucción de las causas penales, debiéndose hacer constar, ya desde este momento, que el precepto ha generado ríos de tinta entre la doctrina y los aplicadores jurídicos, dada la confusa y, en ocasiones, contradictoria redacción que tiene dicho precepto, hasta el punto de que el artículo ha batido el dudoso récord de ser el único precepto de la Ley de Enjuiciamiento Criminal, en la actualidad y en el pasado, que ha obligado a la Fiscalía General del Estado a dictar una Circular exclusivamente dedicada a intentar interpretar dicho precepto, lo que evidencia la pésima técnica legislativa seguida en su redacción.

A) A QUÉ PROCEDIMIENTOS SE APLICA EL NUEVO PLAZO DE INSTRUCCIÓN

Lo primero que ha de indicarse es que el nuevo precepto únicamente se aplica a los procesos que se tramitan conforme la reglas del sumario o del procedimiento abreviado para determinados delitos. Es decir, éste precepto no se aplica ni al procedimiento para el enjuiciamiento de delitos leves (lo que tiene su lógica, pues dicho procedimiento, por definición, ni tiene fase de instrucción y el enjuiciamiento se hace en plazos brevísimos, en cualquier caso muy inferiores a los seis meses que, con carácter general, establece el artículo 324 como plazo de duración de las instrucciones) ni tampoco al procedimiento de la Ley del Jurado (lo que, al menos desde el punto de vista doctrinal, no parece que tenga mucho sentido, y, desde luego, el legislador no explica por qué ha decidido no extender la nueva regulación de los plazos a estos procedimientos).

B) PLAZO GENERAL PARA LA INSTRUCCIÓN: 6 MESES

Conforme al artículo 324.1 de la Ley de Enjuiciamiento Criminal, las diligencias de instrucción se practicarán durante el plazo máximo de seis meses, computándose dicho plazo desde la fecha del auto de incoación del procedimiento.

El precepto no parece tener en cuenta que, en muchas ocasiones, pueden transcurrir varias semanas e, incluso en algunas ocasiones, meses desde que el primer juzgado que recibe el atestado o denuncia incoa el procedimiento hasta que se determina, definitivamente, la competencia de un determinado juzgado de instrucción para la investigación del delito que es objeto de esas diligencias, lo que provocará en esas ocasiones que el plazo inicial de seis meses se vea reducido notablemente en el momento en el que el juzgado competente comienza, de forma efectiva, la instrucción de la causa.

En este sentido, no prevé el precepto ninguna especialidad, en relación al inicio del cómputo del plazo de Instrucción, en los supuestos, absolutamente frecuentes, de inhibiciones de unos jugados a otros o de acumulaciones de unos procedimientos a otros, en el mismo o en distintos juzgados, todo lo cual, lógicamente, provoca retrasos inevitables en el inicio efectivo de la instrucción penal.

La circular 5/2015, de la Fiscalía General del Estado considera que, en los casos de inhibiciones de un juzgado en favor de otro (bien por aplicación de las reglas de competencia territorial, bien por aplicación de las normas de reparto entre los distintos juzgados de un mismo partido judicial), el "dies a quo" o fecha de inicio del cómputo del plazo legal será el del primer auto de incoación. Por el contrario, cuando se trate de acumulaciones de diferentes procedimientos en uno solo por aplicación de la reglas de conexidad delictiva del artículo 17 de la Ley de Enjuiciamiento Criminal, la fecha de inicio del cómputo del plazo debería ser la fecha del último auto de acumulación.

Estos criterios se fundamentan en una interpretación teleológica del precepto que estudiamos pero parecen no tener en cuenta el tenor literal del artículo, que no realiza distinción alguna de forma que, conforme a la adagio latino *"ubi lex non distinguit nec nos distinguere debemus"* (donde la ley no distingue, no debemos distinguir nosotros), parecería que el legislador ha pretendido que, incluso en esos casos, el plazo legal deberá computarse desde la fecha de incoación del auto o, a lo sumo, del último de los autos dictados, bien de inhibición, bien de acumulación, solución que considero más acorde con el tenor literal del precepto y la finalidad de la reforma, que no es sino reducir, a cualquier precio, los plazos de duración de las instrucciones penales.

En cualquier caso, hubiera sido deseable que el legislador hubiera aclarado este fundamental aspecto de la regulación de los nuevos plazos de instrucción a fin de evitar la inseguridad jurídica que provoca el silencio legal sobre el particular.

C) PLAZO AMPLIADO PARA LAS CAUSAS COMPLEJAS: HASTA 3 AÑOS

Consciente el legislador de que, respecto de determinadas causas, el plazo de seis meses es manifiestamente insuficiente para terminar debidamente una investigación penal, el nuevo precepto permite que, antes de la expiración del plazo de seis meses que, con carácter general, es el previsto para la instrucción, el instructor pueda, únicamente a instancias del Ministerio Fiscal y no de oficio, y siempre previa audiencia de las partes, declarar la instrucción compleja, lo que provocará que el plazo de Instrucción sea de 18 meses (y no los seis previstos como regla general), que, a su vez, y también nuevamente a instancias del Ministerio Fiscal, podrá prorrogar nuevamente el Juez de Instrucción por igual plazo de 18 meses o uno inferior, debiendo solicitarse esta prórroga por escrito, al menos tres días antes de la expiración del plazo máximo, es decir, de los 18 meses iniciales.

Esta declaración de complejidad deberá realizarse antes de la finalización del plazo de seis meses inicial, indicando la ley que el presupuesto o requisito para declarar dicha complejidad es que, por circunstancias sobrevenidas a la investigación, ésta no pudiera razonablemente completarse en el plazo estipulado y, también, cuando concurran, de forma igualmente sobrevenida, alguna de las siguientes circunstancias:

a) Que la investigación recaiga sobre grupos u organizaciones criminales,
b) Que la investigación tenga por objeto numerosos hechos punibles,
c) Que la investigación involucre a gran cantidad de investigados o víctimas,
d) Que la investigación exija la realización de pericias o de colaboraciones recabadas por el órgano judicial que impliquen el examen de abundante documentación o complicados análisis,
e) Que la investigación implique la realización de actuaciones en el extranjero,
f) Que la investigación precise de la revisión de la gestión de personas jurídico-privadas o públicas, o
g) Que se trate de un delito de terrorismo.

En la práctica diaria, se viene observando una tendencia del Ministerio Fiscal (único, como hemos dicho, que puede solicitar la declaración de complejidad de la causa) a realizar una interpretación extensiva de los supuestos legales, en línea con la postura que se mantiene en la Circular a la que nos hemos referido anteriormente. Frente a este planteamiento, entiendo que no procede dicha interpretación extensiva, contraria a la finalidad pretendida por el legislador, y ello porque para declarar la complejidad de una causa es necesario que se den los supuestos tasados que se contienen en el artículo 324.2 o alguna circunstancia sobrevenida que haga que la instrucción no pueda razonablemente completarse en el plazo de seis meses, no pudiendo considerarse como tal las dilaciones que pueden producirse como consecuencia de la falta de medios que padece la Administración de Justicia en nuestro país, pues dicha circunstancia ya era plenamente conocida por el legislador al reformar el artículo 324 de la Ley de Enjuiciamiento Criminal y, sin embargo, decidió no arbitrar ningún medio para que la reforma introducida por la Ley 41/2015, de modificación de la Ley de Enjuiciamiento Criminal para la agilización de la justicia penal, en lo referente al acortamiento de la duración de los procedimientos judiciales, fuera una realidad, pues así se evidencia de lo dispuesto en la disposición adicional única de la ley, que establece que *"las medidas incluidas en esta norma no podrán suponer incremento de dotaciones de personal, ni de retribuciones, ni de otros gastos de personal"*. Siendo ello así, no es razonable interpretar que, cuando el legislador se refiere, como uno de los motivos para prorrogar el plazo de instrucción, a circunstancias sobrevenidas a la investigación que hicieran que ésta no pueda razonablemente completarse en el plazo estipulado, estuviera pensando en las causas en las que, por ejemplo, hubiera de reclamarse el auxilio judicial por vía de exhorto, pues dichas actuaciones son completamente habituales o normales durante la instrucción de muchos procedimientos de forma que, de contarse con unos medios mínimamente adecuados para que los ciudadanos vieran respetado su derecho fundamental a la tutela judicial efectiva sin dilaciones indebidas que consagra el artículo 24 de la Constitución (entre ello y principalmente, los medios informáticos suficientes para que todos los órganos judiciales del país estuvieran conectados entre sí de forma telemática, lo que no ocurre en la actualidad, entre otras cosas, como consecuencia de que existen siete sistemas informáticos distintos en los diferentes territorios), no deberían demorar la instrucción más allá de unos pocos días o, a lo sumo, semanas y, desde luego, en ningún caso constituirían causa suficiente para declarar la complejidad de una instrucción. Interpretar que cada vez que en una causa se hace necesario mandar un exhorto o reclamar cierta información a terceros constituye una circunstancia sobrevenida que impide razonablemente completar la instrucción en el plazo estipulado supone dejar vacío de contenido el primer supuesto legal para acordar la prórroga del plazo de instrucción; interpretación que, evidentemente, no puede ser aceptada.

De igual manera, tampoco el supuesto relativo al examen de abundante documentación o la realización de complicados análisis puede interpretarse en el sentido de que, por la penosa falta de medios que tienen los Institutos de Medicina Legal o el Instituto Nacional de Toxicología y Ciencias Forenses o las unidades de policía judicial y científica que han de elaborarlos, un informe de ADN pueda tardar meses e, incluso, años en ser realizado.

D) CAUSAS DE SUSPENSIÓN DE LOS PLAZOS DE INSTRUCCIÓN

El artículo 324.3 establece que los plazos de instrucción que estamos estudiando quedarán interrumpidos en caso de acordarse el secreto de las actuaciones, durante la duración de dicho secreto; o en caso de acordarse el sobreseimiento provisional de la causa. Alzado el secreto o reabierta la causa, continuará la investigación por el tiempo que reste hasta completar los plazos previstos en los apartados anteriores, sin perjuicio de la posibilidad de acordar la prórroga prevista en el apartado 4 del artículo 324, tal y como veremos a continuación.

Este precepto se está usando, en mucho órganos judiciales, para corregir los negativos efectos de la reforma legal en esta materia, acudiendo al expediente de acordar el sobreseimiento provisional y archivo de la causa durante el tiempo en el que, por ejemplo, se recibe la contestación de un exhorto o los informes periciales acordados por el juez. Al acordar el sobreseimiento provisional durante esas semana o meses se está ganando tiempo para la instrucción, precisamente por lo establecido en este apartado del artículo que ahora comentamos, pero ello, en mi opinión, no deja de ser una actuación en fraude de ley, pues no es procesalmente correcto acordar el sobreseimiento provisional de una causa cuando se están practicando actuaciones para esclarecer los hechos o determinar la participación de una persona en dichos hechos. La falta de recepción de informes o de otras diligencias para cuya práctica se hace necesario acudir a los obsoletos medios de auxilio judicial con los que contamos en la actualidad no es una de las causas que, conforme al artículo 641 de la Ley de Enjuiciamiento Criminal, determina el sobreseimiento provisional de las actuaciones, por lo que esta práctica no es, en mi opinión, correcta y, además, afecta negativamente a los derechos del investigado, que ve cómo el plazo que el legislador ha establecido para la instrucción de las diligencias se amplía artificiosamente y en su perjuicio.

E) EL PLAZO EXTRAORDINARIO DE DURACIÓN INDETERMINADA

El artículo 324.4 contempla un, llamémosle, extraño plazo de duración indeterminada que puede ser acordado por el juez, a instancias no sólo del Ministerio Fiscal, como ocurre con el plazo ampliado de 18 meses que hemos visto, sino también de cualquiera de las restantes partes personadas, acusadoras o defensoras, y que será fijado por el juez, a su libre criterio, sin que la ley señale un límite al plazo que puede ser señalado, constituyendo el presupuesto de este plazo extraordinario el que concurran razones que lo justifiquen, sin precisar la Ley qué tipo de razones pueden justificar acudir a este plazo indeterminado, más allá de señalar que ello podrá hacerse de forma excepcional.

A través de este párrafo, el juez podrá señalar un plazo indefinido para la duración de la instrucción, siendo este apartado el que, sin duda, generará mayor controversia en la práctica diaria de los juzgados y tribunales y mayor número de recursos hasta que, en su caso, el Tribunal Supremo siente jurisprudencia sobre la aplicación de este precepto.

En los casos en los que el fiscal o las acusaciones, particulares o populares, no hayan solicitado al juez, antes de que éste dicte el auto de continuación de las diligencias previas por los cauces de la fase intermedia (artículo 779.1.4ª de la Ley de Enjuiciamiento Criminal), la fijación de este nuevo plazo indeterminado que estamos estudiando, no podrán pedir la práctica de las diligencias complementarias que prevé el artículo 780 de la ley procesal, sin perjuicio, lógicamente, de poder recurrir dicho auto si consideran que faltan por practicar diligencias de investigación y no ha transcurrido todavía el plazo correspondiente, bien sea de seis meses, bien el de 18 meses, bien el de 36 meses, estos dos últimos para las causas complejas, tal y como hemos visto.

F) CONSECUENCIAS PROCESALES DEL TRANSCURSO DEL PLAZO

Conforme al artículo 324.6, y sin perjuicio, naturalmente, de que el juez pueda terminar la instrucción con anterioridad al transcurso de los plazos reseñados, lo cual sucederá cuando la investigación haya concluido y existan indicios racionales de criminalidad contra una o unas determinadas personas como únicos responsables criminalmente de un hecho constitutivo de delito, una vez transcurrido el plazo máximo o sus prórrogas, el juez dictará auto de conclusión del sumario o la resolución que proceda conforme al artículo 779, respecto del procedimiento abreviado. Si no lo hiciera, el Ministerio Fiscal instará al juez que acuerde la decisión que considere oportuna, en cuyo caso el juez tendrá obligación de resolver sobre dicha solicitud del Ministerio Fiscal en el plazo de 15 días.

Es decir, la Ley deja claro que, una vez que han transcurrido los plazos de instrucción correspondientes, el juez debe pronunciarse sobre si archiva la causa o continúa ésta contra alguna persona, y si no lo hace el fiscal deberá (no simplemente podrá, pues la Ley utiliza el imperativo) pedirle al juez que se pronuncie, debiendo éste realizar dicho pronunciamiento en el plazo de 15 días.

Ante las críticas que la reforma suscitó en gran parte de la doctrina y de los grupos políticos, así como de las asociaciones judiciales y fiscales, se añadió en el apartado 8 que, en ningún caso, el mero transcurso de los plazos máximos fijados en dicho precepto daría lugar al archivo de las actuaciones si no concurrían las circunstancias previstas en los artículos 637 o 641 de la Ley de Enjuiciamiento Criminal. Pero está cláusula de cierre no soluciona el problema que, sin duda, se generará cuando, transcurrido el plazo de instrucción, no se hayan conseguido los elementos necesarios para abrir la fase intermedia del procedimiento y permitir que las partes formulen una acusación, puesto que, en esos casos, conforme al artículo 641.1 o al artículo 641.2, lo procedente será el archivo provisional de las actuaciones por no resultar debidamente acreditada la perpetración del delito o bien por no haber indicios contra una persona sobre su participación en su comisión, lo que provocará, sin duda, situaciones de impunidad.

A mayor abundamiento, no dice la ley que ocurrirá cuando, pasados los plazos de Instrucción y acordado el sobreseimiento provisional de las actuaciones por falta de indicios, lleguen a conocimiento de la policía, del ministerio fiscal o de la autoridad judicial nuevos hechos que sirvan para acreditar la intervención de la persona en el delito investigado, pues en ese caso, al haber ya transcurrido los plazos legales máximos para la instrucción, no cabría practicar nuevas diligencias.

Ello es así, puesto que, conforme al artículo 324.7, sólo las diligencias de investigación acordadas antes del transcurso de los plazos legales serán válidas (sin perjuicio de que también serán válidas las acordadas con anterioridad a la terminación del plazo pero recibidas después de la expiración de este), provocando, de esta manera, la reforma de este precepto una especie de prescripción anticipada de los delitos dudosamente compatible con el derecho fundamental a la tutela judicial efectiva que reconoce el artículo 24.1 de nuestra Constitución.

La oscuridad de la redacción de este precepto y las nefastas consecuencias que para la instrucción penal tiene la regulación elegida por el legislador hacen que, en mi opinión, más pronto que tarde se hará necesario modificar el artículo o, en su caso, plantear una cuestión de inconstitucionalidad ante el Tribunal Constitucional, debiendo sufrir, mientras tanto, la inevitable inseguridad jurídica que va a generar la aplicación práctica de este precepto en el día a día de nuestros juzgados.

LA MODIFICACIÓN DE LAS REGLAS DE CONEXIDAD DELICTIVA

A) JUSTIFICACIÓN DE LA REFORMA

Históricamente, y conforme al artículo 300 de la ley procesal, cada delito daría lugar a un único procedimiento, de forma que, por regla general, el objeto del proceso penal sería un único delito. Ello se justificaba en razones de economía, claridad y agilidad procesal. No obstante ser ésta la regla general, la Ley de Enjuiciamiento Criminal introducía una excepción que, con el paso de los años y por mor de una interpretación extensiva de las reglas de conexidad delictiva, se convirtió en regla. En efecto, la regla general de *"un delito, un procedimiento"* cedía en los casos de los delitos conexos, todos los cuales se instruirían en un único procedimiento.

Qué debía entenderse por delitos conexos lo determinaba la ley procesal en el artículo 17, cuya redacción, antes de la reforma, era la misma que tenía cuando se promulgó la Ley de Enjuiciamiento Criminal a finales del siglo XIX. Evidentemente, desde su promulgación, se ha producido un cambio sustancial no sólo en las tipologías delictivas sino también en la capacidad para delinquir y en el número de delincuentes, lo que provocó que las reglas de conexidad procesal terminaran originando lo que el legislador, en la exposición de motivos de la ley 41/2015, denomina "elefantiasis procesal", origen de los llamados "macroprocesos". Para intentar solucionar dicho pernicioso efecto de las reglas de conexidad se ha reformado el artículo 17.

Lo más relevante de la reforma es que la acumulación de varios delitos en un único procedimiento ya no tiene el carácter automático y obligatorio que la original redacción del artículo 300 imponía. Ello es así porque se ha derogado dicho precepto y se ha introducido un nuevo párrafo en el artículo 17 que dispone que *"los delitos conexos serán investigados y enjuiciados en la misma causa cuando la investigación y la prueba en conjunto de los hechos resulten convenientes para su esclarecimiento y para la determinación de las responsabilidades procedentes, salvo que suponga excesiva complejidad o dilación para el proceso"*. Es decir, frente al anterior carácter imperativo de la acumulación, la reforma ha suavizado dicha imperatividad, elevando a criterio último para decidir si diversos delitos se investigan en un único proceso la utilidad de dicha acumulación para la investigación y el enjuiciamiento y siempre y cuando la acumulación no provoque excesiva complejidad o dilación en el proceso. Como se ve, la norma utiliza constantemente conceptos jurídicos indeterminados (conveniencia, complejidad o dilación) que deberán ser integrados por el juez de instrucción caso por caso.

B) AMPLIACIÓN DE LOS SUPUESTOS DE CONEXIDAD

La reforma modifica los supuestos de conexidad delictiva que existían con anterioridad, añadiendo dos a los ya previstos: los delitos de favorecimiento real y personal y el blanqueo de capitales respecto al delito antecedente y los cometidos por diversas personas cuando se ocasionen lesiones o daños recíprocos. La modificación es positiva, pues en el primero de los supuestos es evidente la conveniencia de investigar y enjuiciar conjuntamente los diversos delitos antecedentes al delito de encubrimiento o al de blanqueo de capitales con el que se trata de lavar el producto del anterior delito, dada la estrecha relación entre todos ellos, con lo que se facilita la prueba de los mismos. Y en el segundo, el legislador no hace sino plasmar en la ley lo que ya venía siendo práctica generalizada en los juzgados, derivada del mero sentido común: difícilmente puede investigarse y, sobre todo, enjuiciarse separadamente una pelea o altercado en el que han intervenido dos o más personas, con el claro riesgo de llegar a pronunciamientos contradictorios.

C) LA MODIFICACIÓN DE LA CONEXIDAD SUBJETIVA

No obstante, la principal modificación, y la que más directamente va a provocar la reducción de los llamados "macroprocesos", es la supresión de la llamada "conexidad subjetiva" que se recogía en el apartado 5º del antiguo artículo 17, según la cual se tramitarían conjuntamente *"los diversos delitos que se imputen a una persona al incoarse contra la misma causa por cualquiera de ellos, si tuvieren analogía o relación entre sí, a juicio del Tribunal, y no hubiesen sido hasta entonces sentenciados"*. Una generalizada interpretación extensiva de la analogía o relación entre sí, que constituía el presupuesto de esta regla de conexidad, provocó que, en la práctica, todos los delitos que se imputaban a una misma persona, o grupo de personas, con independencia de su tipología y momento de comisión, se instruían y enjuiciaban en un mismo procedimiento, sin perjuicio del uso de las piezas separadas que se contemplan en el artículo 762.6ª de la Ley de Enjuiciamiento Criminal (piezas que, por otra parte, provocaban numerosos problemas procesales, dada la ausencia de regulación legal de las mismas, pues sólo son mencionadas en el artículo citado, que no contiene norma alguna sobre su sustanciación), lo que provocaba ese gigantismo procesal que el legislador pretende erradicar con la reforma.

A tales efectos, se ha suprimido el 5º supuesto de conexidad que contemplaba el antiguo artículo 17 y se ha introducido un nuevo apartado tercero, con la siguiente redacción: *"Los delitos que no sean conexos pero hayan sido cometidos por la misma persona y tengan analogía o relación entre sí, cuando sean de la competencia del mismo órgano judicial, podrán ser enjuiciados en la misma causa, a instancia del Ministerio Fiscal, si la investigación y la prueba en conjunto de los hechos resultan convenientes para su esclarecimiento y para la determinación de las responsabilidades procedentes, salvo que suponga excesiva complejidad o dilación para el proceso".*

Como se ve, son numerosas las novedades que introduce este precepto, todas ellas tendentes a limitar los supuestos en los que quepa apreciar la conexidad delictiva de los diferentes delitos que se imputan a una misma persona y que no sean conexos conforme a los supuestos previstos en el apartado 2º del artículo.

— Presupuestos

El presupuesto básico para acordar la acumulación de delitos en un mismo procedimiento es, como ocurría con anterioridad, que los diversos delitos que se imputen a una misma persona "*tengan analogía o relación entre sí*", si bien la nueva redacción ha suprimido la referencia a que dichas circunstancias quedaban *"al juicio del Tribunal"*, lo que permite afirmar que, tras la reforma, será necesario que exista, de forma objetiva y clara, una analogía o relación entre todos los delitos cuya instrucción se pretende acumular, pretendiendo con ello el legislador con la práctica generalizada de los tribunales de acumular, siempre y en todo caso, todos los delitos que se imputaran a una misma persona. La expresión, en mi opinión, ha de ser interpretada restrictivamente, pues es claro que ese ha sido el deseo del legislador, de forma que únicamente cabrá instruir conjuntamente delitos en los que el bien jurídico protegido sea el mismo (la propiedad, la vida o la integridad de las personas, etc.) o, aún siendo diferentes los bienes jurídicos, se aprecie entre todos ellos algún tipo de conexión (fundamentalmente, la temporal) que justifique la instrucción y enjuiciamiento conjunto. Desde luego, los casos de continuidad delictiva será el típico ejemplo de apreciación de esta causa de conexidad.

También es necesario que la investigación y la prueba en conjunto de los hechos resulte conveniente para su esclarecimiento y para la determinación de las responsabilidades procedentes y que ello no suponga excesiva complejidad o dilación para el proceso, pues en estos casos no procederá la acumulación, lo que es razonable, pues lo que no tiene ningún sentido es lo que acontecía con anterioridad, en la que una regla prevista para facilitar y agilizar el enjuiciamiento de varios hechos delictivos acababa convirtiéndose en un obstáculo para el derecho fundamental a un proceso sin dilaciones indebidas.

— Quién puede acordarla

La primera novedad radica en quién tiene la competencia para acordar la acumulación de la investigación de varios delitos en un único proceso. En efecto, la competencia para decidir el objeto del procedimiento, es decir, qué delitos se investigan en el mismo, la tiene, en principio, el juez de instrucción. Ello es así en todos los supuestos de conexidad que figuran en el apartado 2º, es decir:

1.º Los cometidos por dos o más personas reunidas.
2.º Los cometidos por dos o más personas en distintos lugares o tiempos si hubiera precedido concierto para ello.
3.º Los cometidos como medio para perpetrar otros o facilitar su ejecución.
4.º Los cometidos para procurar la impunidad de otros delitos.
5.º Los delitos de favorecimiento real y personal y el blanqueo de capitales respecto al delito antecedente.
6.º Los cometidos por diversas personas cuando se ocasionen lesiones o daños recíprocos.

En estos casos es el juez de instrucción quien, de oficio y sin necesidad de petición de ninguna de las partes, decide cual ha de ser el objeto del proceso y si acumula, o no, los diferentes delitos de que se trate, siempre valorando los principios que determinan esta acumulación, es decir, la utilidad para la instrucción y el enjuiciamiento.

Pero, por el contrario, en los supuestos de conexidad subjetiva del apartado 3 del artículo 17, el juez no puede acordar la acumulación de oficio, sino que es necesario que la instrucción conjunta en un único proceso la solicite el Ministerio Fiscal. Es evidente que el legislador ha querido limitar el poder de los jueces de instrucción sobre el proceso, tal como ha ocurrido con lo relativo a la duración de la instrucción (en la que, como hemos visto, el juez no puede acordar de oficio la prórroga de su duración ni la declaración de complejidad del procedimiento) y el legislador no da una explicación técnica que justifique esta limitación ni el diferente tratamiento de los supuestos de conexidad.

Lo que es evidente es que este diferente tratamiento se ha producido cuando en distintos lugares de España se están investigando casos de corrupción en los que aparecen implicados políticos de distinto signo.

— **El requisito de la competencia**

La otra limitación a la posibilidad de acumular los diversos delitos que se imputen a una misma persona en un único procedimiento viene determinada por la necesidad, introducida por la reforma, de que el juez sea competente para conocer de todos ellos. La redacción usada por el legislador (*"cuando sean de la competencia del mismo órgano judicial"*) plantea problemas de interpretación, pues si se considera que la competencia a la que se refiere el legislador es la competencia territorial nos encontraremos con que todos los casos de delitos cometidos en diferentes partidos judiciales no podrían ser instruidos y enjuiciados en un único procedimiento, lo cual limita muchísimo la aplicación del precepto, máxime en tiempos como los actuales, en la que la movilidad de las personas en mucho mayor que la que existía hace años y es muy habitual que el delincuente cometa delitos en diferentes lugares. Ejemplo paradigmático de estos supuestos serían las típicas estafas cometidas a través de internet en diferentes lugares del territorio nacional: si se considera que sólo cabría la acumulación cuando el mismo juez de instrucción sea territorialmente competente todos esos delitos de estafa no podrían instruirse y enjuiciarse en un único proceso.

Es por ello que considero que la referencia a la competencia que se contiene en el artículo 17.3 lo es a la competencia objetiva y, además, a la competencia objetiva del órgano de enjuiciamiento (pues todos los juzgados de instrucción tienen la misma competencia objetiva), de forma que, con independencia del lugar de comisión de los diversos delitos, cabrá la acumulación de todos ellos en un único proceso siempre que todos ellos puedan ser enjuiciados por un mismo órgano judicial, en atención a su competencia objetiva, bien sea un Juzgado de los Penal, bien sea una Audiencia Provincial, bien sea un Tribunal del Jurado. En consecuencia, no cabría acumular en un único proceso, tal como ocurría hasta ahora, delitos que, en función de su pena, hubieran de ser enjuiciados unos por un Juzgado de lo Penal y otros, por una Audiencia Provincial.

Esta es la interpretación que considero más razonable y adecuada para conjugar, por un lado, la eficacia en la lucha contra la delincuencia y, por otro, el respeto a las reglas de competencia que contienen nuestras leyes orgánicas y procesales.

LA ANSIADA REGULACIÓN DE LAS LLAMADAS MEDIDAS DE INVESTIGACIÓN TECNOLÓGICA

1. ANTECEDENTES Y ORIGEN DE LA REFORMA

A) La sentencia del Tribunal Constitucional 145/2014

Ya hemos dicho en varias ocasiones que nuestra Ley de Enjuiciamiento Criminal data del siglo XIX y que, aunque ha sido objeto de numerosas modificaciones tras la entrada en vigor de nuestra actual Constitución, tanto la doctrina como los Tribunales vienen denunciando la insuficiente regulación de materias que, por afectar muy directamente a los derechos fundamentales de los ciudadanos, debían ser objeto de una regulación legal precisa y clara para respetar, de esta manera, el principio de reserva legal que tanto la Constitución como los tratados internacionales de los que España es parte, singularmente el Convenio Europeo de Derechos Humanos, imponen; principio según el cual, para que el Estado o cualquiera de sus órganos pueda limitar legítimamente los derechos fundamentales de un ciudadano en el curso de una investigación para determinar la participación de esa persona en un hecho constitutivo de delito, es necesario que dicha injerencia en sus derechos fundamentales esté precisa y claramente permitida por la ley, sin que sea posible afectar esos derechos fundamentales en el curso de un proceso penal acudiendo mecanismos de integración de las lagunas legales como la analogía o la jurisprudencia de los tribunales.

Esta exigencia de una precisa regulación legal de las medidas que suponen injerencias en los derechos fundamentales de los ciudadanos, singularmente los relativos al secreto de sus comunicaciones y al derecho a la intimidad, había sido también planteada, en numerosas ocasiones, tanto por el Tribunal Supremo como por el Tribunal Constitucional, quienes en numerosas sentencias habían denunciado la insuficiente regulación legal y la pasividad del legislador español para cubrir las lagunas que nuestra legislación procesal tenía en materias tan importantes como la que nos ocupa. No obstante ello, sobre todo el Tribunal Supremo, con intención de evitar que este vacío legislativo, tantas veces denunciado y tantas veces desoído por los políticos, pudiera perjudicar el buen fin de las investigaciones judiciales en las que se hacía necesario utilizar ese tipo de medidas de investigación invasivas de los derechos fundamentales de los investigados, había admitido, de forma reiterada, que se solventaran esas carencias legales acudiendo a la aplicación analógica de normas que, en principio, no estaban previstas para ese tipo de medidas de investigación, singularmente las disposiciones que contenía la Ley de Enjuiciamiento Criminal en materia de intervenciones telefónicas.

El problema era que esas disposiciones que contenía la Ley de Enjuiciamiento Criminal en materia de intervenciones telefónicas eran, igualmente, absolutamente insuficientes, tal y como, también con reiteración, había denunciado el Tribunal Supremo en numerosas sentencias. De hecho, antes de la reforma que ahora estudiamos, el único artículo de la Ley de Enjuiciamiento Criminal que regulaba la medida de intervención telefónica, que faculta a los poderes públicos para, mediante una resolución judicial motivada, intervenir las comunicaciones telefónicas de una persona sospechosa de haber cometido un hecho delictivo, era el artículo 579 de la Ley de Enjuiciamiento Criminal. Dicho precepto, en cuanto a la intervención telefónica se refería, disponía escuetamente lo siguiente:

> "1.- .../...
>
> 2. Asimismo, el Juez podrá acordar, en resolución motivada, la intervención de las comunicaciones telefónicas del procesado, si hubiere indicios de obtener por estos medios el descubrimiento o la comprobación de algún hecho o circunstancia importante de la causa.
>
> 3. De igual forma, el Juez podrá acordar, en resolución motivada, por un plazo de hasta tres meses, prorrogable por iguales períodos, la observación de las comunicaciones postales, telegráficas o telefónicas de las personas sobre las que existan indicios de responsabilidad criminal, así como de las comunicaciones de las que se sirvan para la realización de sus fines delictivos.
>
> 4.- .../...
>
> Como se ve, la regulación de una medida tan importante en una gran cantidad de investigaciones judiciales y que afecta tan intensamente al derecho fundamental, no sólo al secreto de las comunicaciones, sino también a la intimidad del sospechoso, sólo merecía una regulación absolutamente parca que tuvo que ser complementada mediante la jurisprudencia del Tribunal Supremo, que desde un ya famoso auto de 18 de junio de 1992, dictado en el llamado "Caso Naseiro" (un supuesto de corrupción política que afectó al Partido Popular en los años 90), vino determinando, en numerosas sentencias y autos, cuáles eran los presupuestos necesarios para acordar tal medida de investigación. Dicha jurisprudencia vino corroborada, en la mayoría de las ocasiones, por las sentencias del Tribunal Constitucional, quien, a su vez, se apoyaba en la jurisprudencia del Tribunal Europeo de derechos Humanos.

Sin embargo, también desde hace tiempo el Tribunal Constitucional comenzó a llamar la atención sobre la necesidad, por imperativo del principio de reserva legal que ya hemos mencionado anteriormente, de que España contara con una legislación que regulara con claridad y de forma concreta todas estas medidas de investigación tecnológica, si bien, respecto de las intervenciones telefónicas, el Tribunal Constitucional consideró que el artículo 579, antes mencionado, interpretado conforme a la jurisprudencia del Tribunal Supremo y del propio Tribunal Constitucional, era suficiente para cubrir esa exigencia derivada de la Constitución y de los tratados internacionales de los que España es parte.

Sin embargo, cuando en septiembre del año 2014 el Tribunal Constitucional tuvo que enfrentarse a este problema, no en relación a una intervención telefónica sino a una medida de grabación de las conversaciones de dos personas detenidas mientras permanecían en los calabozos, y en la que el juez de Instrucción aplicó analógicamente las disposiciones contenidas en el artículo 579 de la Ley de Enjuiciamiento Criminal y también las disposiciones relativas a las intervenciones de las comunicaciones de los presos en los centros penitenciarios, el alto Tribunal tomó una decisión que precipitó los acontecimientos y obligó al legislador a regular, mediante una norma *"ad hoc"*, todo lo relativo a las medidas de investigación tecnológica. Dicha decisión, recogida en su sentencia 145/14, de 22 de septiembre, no fue otra que anular una sentencia del Tribunal Supremo que, a su vez, había confirmado otra sentencia de la Audiencia Provincial de Zaragoza, sentencias ambas en las que se había dado validez a la prueba consistente en las grabaciones de las conversaciones que dos sospechosos de asesinato habían realizado en los calabozos policiales mientras estaban detenidos; grabaciones que se habían autorizado, en un auto motivado extensamente, por el juez de instrucción que investigaba dicho asesinato, quien además adoptó en su auto toda una serie de medidas para evitar que, como consecuencia de la intervención de las conversaciones, se viera afectado el derecho de defensa, prohibiendo, por ejemplo, que las entrevistas de los abogados con sus clientes fueran grabadas, basándose el Juez de Instrucción de Zaragoza para autorizar esa medida en el artículo 579 de la Ley de Enjuiciamiento Criminal y en las prevenciones contenidas en la ley general penitenciaria sobre la grabación de las conversaciones de internados en centros penitenciarios.

Pues bien, el Tribunal Constitucional, en una sentencia que no puede calificarse sino de histórica, anuló esas grabaciones, lo que implicaba que las mismas no podían ser valoradas por el Tribunal para dictar su sentencia, con todas las consecuencias que ello supuso, no sólo para aquel caso sino para otras muchas investigaciones en las cuales los jueces de instrucción habían autorizado medidas de investigación restrictivas de derechos fundamentales, singularmente las comunicaciones y la intimidad de los investigados, realizando una aplicación analógica del artículo 579 de la Ley de Enjuiciamiento Criminal, que es precisamente lo que el Tribunal Constitucional mantiene que no puede hacerse.

Por su interés, transcribimos a continuación el núcleo de la decisión tomada por el Tribunal Constitucional en esta sentencia 145/14, de 22 de septiembre: *"Es doctrina constante de este tribunal que aunque la literalidad de dicho precepto (artículo 18.3 CE) puede inducir a pensar que la única garantía que establece inmediatamente la Constitución es la exigencia de autorización judicial, un análisis más detenido de la cuestión pone de manifiesto lo contrario, ya que, por mandato expreso de la Constitución, toda injerencia estatal en el ámbito de los derechos fundamentales y las libertades públicas, que incida directamente sobre su desarrollo o limite o condicione su ejercicio, precisa, además, de una habilitación legal. Esa misma jurisprudencia dispone que la reserva de ley constituye el único modo efectivo de garantizar las exigencias de seguridad jurídica en el ámbito de los derechos fundamentales y las libertades públicas, lo que implica exigencias con respecto del contenido de la ley que, naturalmente, son distintas según el ámbito material de que se trate, pero que en todo caso determinan que el legislador ha de hacer el máximo esfuerzo posible para garantizar la seguridad jurídica, esto es, la expectativa razonablemente fundaba del ciudadano en cuál ha de ser la actuación del poder en aplicación del derecho. Profundizando en esa exigencia, en la sentencia del Tribunal Constitucional 169/2001, de 16 de junio, sostuvimos, con abundante cita de sentencias del Tribunal Europeo de Derechos Humanos, en cuanto a las características exigidas por la seguridad jurídica respecto de la calidad de la ley habilitadora de las injerencias, que "la ley debe definir las modalidades y extensión del ejercicio del poder otorgado con la suficiente claridad para aportar al individuo una protección adecuada contra la arbitrariedad".*

Esta sentencia del Tribunal Constitucional constituyó un punto de inflexión en la situación de la cuestión relativa al alcance de las medidas de investigación que los jueces podían autorizar en España y obligó al legislador, tal y como él mismo viene a reconocer en la exposición de motivos de la Ley Orgánica 13/2015, a regular esta materia sin esperar, como era la idea inicial, a la promulgación de una nueva Ley de Enjuiciamiento Criminal que sustituya a la vigente del siglo XIX.

B) La anulación de la Directiva europea 2006/24/CE

Esta directiva pretendió armonizar la legislación de los estados nacionales de la Unión Europea, en lo referente a la conservación de los datos producidos por las comunicaciones telefónicas por parte de las respectivas operadoras, para su cesión a las autoridades en la lucha contra la gran delincuencia. La mencionada directiva fue el antecedente inmediato de nuestra ley 25/2007, de conservación de datos relativos a las comunicaciones electrónicas y a las redes públicas de comunicaciones.

Dicha Ley 25/2007, de 18 de octubre, en su artículo 3, imponía a las operadoras la obligación de conservar, para su cesión en virtud de autorización judicial, los siguientes datos:

a) Datos necesarios para *rastrear e identificar el origen* de una comunicación:
   1.° Con respecto a la telefonía de red fija y a la telefonía móvil:
      i) Número de teléfono de llamada.
      ii) Nombre y dirección del abonado o usuario registrado.
   2.° Con respecto al acceso a Internet, correo electrónico por Internet y telefonía por Internet:
      i) La identificación de usuario asignada.
      ii) La identificación de usuario y el número de teléfono asignados a toda comunicación que acceda a la red pública de telefonía.
      iii) El nombre y dirección del abonado o del usuario registrado al que se le ha asignado en el momento de la comunicación una dirección de Protocolo de Internet (IP), una identificación de usuario o un número de teléfono.

b) Datos necesarios para *identificar el destino* de una comunicación:
   1.° Con respecto a la telefonía de red fija y a la telefonía móvil:
      i) El número o números marcados (el número o números de teléfono de destino) y, en aquellos casos en que intervengan otros servicios, como el desvío o la transferencia de llamadas, el número o números hacia los que se transfieren las llamadas.
      ii) Los nombres y las direcciones de los abonados o usuarios registrados.
   2.° Con respecto al correo electrónico por Internet y la telefonía por Internet:
      i) La identificación de usuario o el número de teléfono del destinatario o de los destinatarios de una llamada telefónica por Internet.
      ii) Los nombres y direcciones de los abonados o usuarios registrados y la identificación de usuario del destinatario de la comunicación.

c) Datos necesarios para *determinar la fecha, hora y duración* de una comunicación:

   1.° Con respecto a la telefonía de red fija y a la telefonía móvil: la fecha y hora del comienzo y fin de la llamada o, en su caso, del servicio de mensajería o del servicio multimedia.
   2.° Con respecto al acceso a Internet, al correo electrónico por Internet y a la telefonía por Internet:
      i) La fecha y hora de la conexión y desconexión del servicio de acceso a Internet registradas, basadas en un determinado huso horario, así como la dirección del Protocolo Internet, ya sea dinámica o estática, asignada por el proveedor de acceso a

Internet a una comunicación, y la identificación de usuario o del abonado o del usuario registrado.

ii) La fecha y hora de la conexión y desconexión del servicio de correo electrónico por Internet o del servicio de telefonía por Internet, basadas en un determinado huso horario.

d) Datos necesarios para *identificar el tipo* de comunicación:

1.° Con respecto a la telefonía de red fija y a la telefonía móvil: el servicio telefónico utilizado: tipo de llamada (transmisión de voz, buzón vocal, conferencia, datos), servicios suplementarios (incluido el reenvío o transferencia de llamadas) o servicios de mensajería o multimedia empleados (incluidos los servicios de mensajes cortos, servicios multimedia avanzados y servicios multimedia).

2.° Con respecto al correo electrónico por Internet y a la telefonía por Internet: el servicio de Internet utilizado.

e) Datos necesarios para *identificar el equipo de comunicación* de los usuarios o lo que se considera ser el equipo de comunicación:

1.º Con respecto a la telefonía de red fija: los números de teléfono de origen y de destino.

2.° Con respecto a la telefonía móvil:

i) Los números de teléfono de origen y destino.

ii) La identidad internacional del abonado móvil (IMSI) de la parte que efectúa la llamada.

iii) La identidad internacional del equipo móvil (IMEI) de la parte que efectúa la llamada.

iv) La IMSI de la parte que recibe la llamada.

v) La IMEI de la parte que recibe la llamada.

vi) En el caso de los servicios anónimos de pago por adelantado, tales como los servicios con tarjetas prepago, fecha y hora de la primera activación del servicio y la etiqueta de localización (el identificador de celda) desde la que se haya activado el servicio.

3.° Con respecto al acceso a Internet, correo electrónico por Internet y telefonía por Internet:

i) El número de teléfono de origen en caso de acceso mediante marcado de números.

ii) La línea digital de abonado (DSL) u otro punto terminal identificador del autor de la comunicación.

f) Datos necesarios para identificar la *localización del equipo* de comunicación móvil:

1.º La etiqueta de localización (identificador de celda) al inicio de la comunicación.

2.° Los datos que permiten fijar la localización geográfica de la celda, mediante referencia a la etiqueta de localización, durante el período en el que se conservan los datos de las comunicaciones.

El artículo 1 de dicha ley disponía que la misma tenía por objeto *"la regulación de la obligación de los operadores de conservar los datos generados o tratados en el marco de la prestación de servicios de comunicaciones electrónicas o de redes públicas de comunicación, así como el deber de cesión de dichos datos a los agentes facultados siempre que les sean requeridos a través de la correspondiente autorización judicial con fines de detección, investigación y enjuiciamiento de* ***delitos graves*** *contemplados en el Código Penal o en las leyes penales especiales"*, añadiéndose en su número 2 que dicha Ley se aplicaría a los datos de tráfico y de localización sobre personas físicas y jurídicas y a los datos relacionados necesarios para identificar al abonado o usuario registrado. Incidiendo en el ámbito para el cual se preveía la conservación y cesión de datos, indicaba el artículo 6.1 que *"los datos conservados de conformidad con lo dispuesto en esta Ley sólo podrán ser cedidos de acuerdo con lo dispuesto en ella para los fines que se determinan y previa autorización judicial"*.

Pues bien, también en el año 2014 se produjo un hecho de gran trascendencia jurídica en relación esta materia. Dicho hecho vino constituido por la declaración de nulidad de la mencionada Directiva europea por la sentencia del Tribunal de Justicia de la Unión Europea de 8 de abril de 2014, lo que provocó en varios países la anulación de leyes que se habían dictado para transponer dicha Directiva y, en definitiva, provocó nuevas dudas sobre la regulaciones nacionales en relación a las injerencias del Estado en esta materia.

Con independencia de que dicha sentencia reprochara a la Directiva de la que trae causa la ley 25/2007 diversas cuestiones que no eran de aplicación a la legislación española (entre otras, la relativa a la necesidad de un control judicial en la cesión de los datos conservados, pues la ley española sí exige la intervención judicial para la cesión de dichos datos, quien sólo la autorizará, para los fines que se determinan en la propia ley –esto es, la detección, investigación y enjuiciamiento de delitos graves– bajo los principios de necesidad y proporcionalidad), lo más relevante de dicha sentencia es que realizaba una interpretación restrictiva de los supuestos en los que la conservación y posterior cesión de los datos conservados es acorde con la normativa comunitaria y con el Convenio Europeo de Derechos Humanos. Conforme a la mencionada sentencia, dicha conservación y cesión deben circunscribirse, exclusivamente, a los delitos graves, pues sólo en esos casos estaría justificada la injerencia que dichas medidas suponen (así se declara en los parágrafos 34, 35 y 36 de la STJUE). Y si bien es cierto que nuestra ley 25/2007 también exigía, para la obtención de los datos, que se tratara de la investigación de delitos graves, lo cierto es que no definía la ley qué debía entenderse por delito grave y la práctica judicial, antes de la sentencia del Tribunal de Justicia de la Unión Europea mencionada, aceptaba una interpretación extensiva de dicho concepto, alejada de lo que por delito grave se entiende conforme al artículo 33 del Código Penal, es decir, delitos castigados con penas de más de cinco años de prisión.

Sin embargo, a la vista del contenido de dicha sentencia, muchos jueces de instrucción comenzaron a cambiar su anterior criterio extensivo en relación a qué infracciones penales podían ser investigadas mediante el estudio de los datos conservados al amparo de la ley 25/2007. Como hemos dicho, hasta el dictado de la sentencia del Tribunal de Justicia de la Unión Europea (STJUE) mencionada, se venía considerando por la mayoría de los jueces de instrucción que la "gravedad" que exigía la ley 25/2007 no se circunscribía, exclusivamente, a los delitos graves en sentido estricto, esto es, los castigados con pena de prisión superior a cinco años, y ello por cuanto se consideraba, atendiendo a los antecedentes históricos y legislativos y a la finalidad del legislador, tanto nacional como europeo, al dictar esta normativa, que cuando la ley se refería a "delitos graves" no se estaba refiriendo a la clasificación delictiva del artículo 33 del Código Penal sino a aquellas infracciones penales que afectaban a bienes jurídicos especialmente relevantes, como la vida o integridad física, la libertad, la libertad sexual, o el patrimonio, fuera cual fuera la denominación y penalidad que las legislaciones nacionales otorgaran a las infracciones penales que tratan de proteger dichos relevantes bienes jurídicos. Dicho planteamiento se sustentaba en que interpretar la norma de otra manera supondría, sin duda, permitir la más absoluta impunidad para multitud de delitos que, afectando muy directamente a dichos bienes jurídicos, con gran incidencia en la vida diaria de la víctima, no podrían sino reputarse como delitos menos graves o meros delitos leves (de estafa, vejaciones, injurias o amenazas cometidas a través de Internet), actuaciones que se han multiplicado exponencialmente en los últimos años y que afectan muy directamente a derechos fundamentales como son la libertad y la seguridad (artículo 17.1 CE) y el honor (artículo 18.1 CE), así como a la confianza de la ciudadanía en los medios telemáticos de adquisición de bienes y servicios, lo que a su vez redunda en la economía nacional, lo que impediría una lucha mínimamente eficaz contra dichos delitos.

Ahora bien, como quiera que la STJUE de 8 de abril de 2014, al tratar de esta cuestión, hacía referencia a una delincuencia especialmente grave (sólo mencionaba el terrorismo y la delincuencia organizada); considerándose en dicha sentencia (parágrafos 42, 43 y 44) que sólo la satisfacción del interés general en la lucha contra las manifestaciones más graves de delincuencia justificaba la conservación y cesión de los datos a los que se refiere la Directiva; y debiendo los tribunales nacionales respetar la jurisprudencia del Tribunal de Justicia de la Unión Europea, en virtud de los principios de primacía y efecto directo de Derecho Comunitario; y estableciendo el artículo 10.2 de la Constitución Española que "l*as normas relativas a los derechos fundamentales y a las libertades que* *la Constitución reconoce se interpretarán de conformidad con la Declaración Universal de Derechos Humanos y los tratados y acuerdos internacionales sobre las mismas materias ratificados por España*", la mayoría de los jueces de instrucción, como se ha dicho, modificaron el criterio anteriormente mantenido en el sentido de que únicamente procedía hacer uso de las facultades de petición de datos que otorgaba la ley 25/2007 en los casos que se investiguen delitos graves en sentido estricto, es decir, castigados con más de cinco años de prisión.

Este cambio de criterio también tuvo en cuenta que el legislador nacional bien podía realizar una modificación legislativa que, respetando la mencionada sentencia del Tribunal de Justicia de la Unión Europea, regulara la materia de una manera más eficaz para la lucha contra la delincuencia y permitiera adoptar estas medidas en otros tipos de delitos (los delitos menos graves conforme al artículo 33 del Código Penal), pero se consideraba que, mientras ello no ocurriera, no debía el Poder Judicial subsanar la inacción o falta de diligencia del Poder Legislativo, realizando una interpretación de las normas existentes en contra de la jurisprudencia comunitaria y de los tratados internacionales suscritos por España, singularmente el Convenio Europeo de Derechos Humanos, máxime cuando el legislador nacional utilizaba reiteradamente en la ley una expresión (delitos graves) que tiene una significación jurídica unívoca y clara, pues es el propio Código Penal quien define lo que debe entenderse por tal.

De hecho, incluso tras la sentencia del Tribunal de Justicia de la Unión Europea, el legislador español, en la reforma introducida por la Ley 9/2014, de 9 de mayo, de Telecomunicaciones, no modificó este sistema sino que lo vino a ratificar, al indicarse en su artículo 42 que "*la conservación y cesión de los datos generados o tratados en el marco de la prestación de servicios de comunicaciones electrónicas o de redes públicas de comunicación a los agentes facultados a través de la correspondiente autorización judicial con fines de detección, investigación y enjuiciamiento de* ***delitos graves*** *contemplados en el Código Penal o en las leyes penales especiales se rige por lo establecido en la Ley 25/2007, de 18 de octubre, de conservación de datos relativos a las comunicaciones electrónicas y a las redes públicas de comunicaciones*".

De todo lo anterior se desprendía que era absolutamente necesaria una reforma en profundidad de nuestra vetusta Ley de Enjuiciamiento Criminal o, más exactamente, que el legislador regulara por primera vez multitud de medidas de investigación que se hacían necesarias para combatir la delincuencia pero que carecían, por completo, de ningún tipo de regulación en nuestro país.

Es esta modificación legal la que constituye el objeto de nuestro estudio, si bien ya ha de adelantarse que la misma no ha colmado las expectativas que los aplicadores del derecho y, concretamente, los jueces y magistrados, teníamos depositada en ella.

2. PRINCIPIOS GENERALES APLICABLES A TODAS LAS MEDIDAS

A) Generalidades

Desde el punto de vista formal, la reforma modifica la estructura de la Ley de Enjuiciamiento Criminal, cambiando para ello la denominación del Título VIII, que pasa a llamarse *"De las medidas de investigación limitativas de los derechos reconocidos en el artículo 18 de la constitución"*. Pretende, con ello, el legislador incluir en un único título de la Ley de Enjuiciamiento Criminal todas las medidas de investigación que afectaban a los derechos fundamentales a la inviolabilidad del domicilio, al secreto de las comunicaciones, a la intimidad y al uso de la informática. De esta manera, la nueva estructura recoge en el capítulo I las diligencias de entrada y registro en lugar cerrado; en el capítulo II, el registro de libros y papeles; en el capítulo III, la detención y apertura de la correspondencia escrita y telegráfica; y en el Capítulo IV y siguientes, se engloban las nuevas medidas de investigación tecnológica que se introducen, por primera vez, en la Ley de Enjuiciamiento Criminal (excepto la relativa a las intervenciones telefónicas, que, como ya hemos visto, se regulaba, de forma claramente insuficiente, el artículo 579 de la Ley de Enjuiciamiento Criminal).

El problema es que el legislador, en el capítulo IV del Título VIII, que titula *"Disposiciones comunes a la interceptación de las comunicaciones telefónicas y telemáticas, la captación y grabación de comunicaciones orales mediante la utilización de dispositivos electrónicos, la utilización de dispositivos técnicos de seguimiento, localización y captación de la imagen, el registro de dispositivos de almacenamiento masivo de información y los registros remotos sobre equipos informáticos"*, introduce una serie de requisitos que son de difícil aplicación a la totalidad de esas medidas de investigación tecnológica que se mencionan en el nombre del capítulo y sólo pueden ser comprendidas si se refieren a las medidas de intervención telefónica. Así, por ejemplo, la necesidad de dar, siempre y en todo caso, traslado al Ministerio Fiscal para que informe, en el plazo de 24 horas, sobre la adopción de todas estas medidas no parece que tenga ningún sentido, por ejemplo para solicitar la titularidad de una dirección IP o para solicitar los datos de tráfico de llamadas. No entendiéndose tampoco la imposición de un plazo tan breve, que si bien puede tener sentido cuando de la intervención de las comunicaciones telefónicas se trata, pues por regla general dicha intervención conviene hacerla a la mayor brevedad a fin de no perder información que puede ser preciosa para la investigación, no parece que sea necesario cuando se refiere a otro tipo de medidas de investigación tecnológica en las que la información que se va a recabar se conserva durante muchos meses y, lo que es menos comprensible, se tarda en entregar por parte de las operadoras, en muchas ocasiones, semanas enteras desde que se recibe la solicitud y ello a pesar de que, conforme a la ley 25/2007, la información deberá entregarse en el plazo de 72 horas, salvo que se dispusiera lo contrario en la resolución judicial que acuerda recabar dicha información. Es decir, el legislador impone plazos brevísimos al Ministerio Fiscal y al juez para resolver sobre la petición policial, pero después la recepción de la información que se recaba puede tardar incluso meses, en función de la diligencia que adopte el destinatario de la medida, lo que no tiene ningún sentido.

Es conveniente dejar constancia, desde ahora mismo, que la nueva regulación legal toma como fuente la reiterada doctrina establecida tanto por el Tribunal Supremo como por el Tribunal Constitucional en esta materia, que puede sintetizarse en este pronunciamiento recogido, por ejemplo, en la STC 231/2009, de 5 de marzo: *"En el momento de adoptar su decisión* (de autorizar, o no, una medida de investigación limitativa de los derechos fundamentales del investigado), *el juez ha de atender, en primer lugar, a la* ***proporcionalidad****, en el sentido de que ha de tratarse de la investigación de un delito grave. Para valorar la gravedad no sólo se debe atender a la previsión de una pena privativa de libertad grave, sino además debe valorarse la trascendencia social del delito que se trata de investigar. En segundo lugar, a la* ***especialidad****, en tanto que la intervención debe estar relacionada con la investigación de un delito concreto, sin que sea lícitas las observaciones encaminadas a una prospección sobre la conducta de la persona en general. En este aspecto, debe delimitar objetivamente la medida, a través de la precisión del hecho que se trata de investigar, y subjetivamente, mediante la suficiente identificación del sospechoso, vinculando con él las líneas telefónicas que se pretenden intervenir. Y, en tercer lugar, a la* ***excepcionalidad*** *e* ***idoneidad*** *de la medida, ya que sólo debe acordarse cuando no estén a disposición de la investigación, en atención a sus características, otras medidas menos gravosas para los derechos fundamentales del investigado e igualmente útiles para la investigación*". Como veremos, estos principios han sido recogidos íntegramente por el legislador al regular la materia, con la única especialidad relativa a la gravedad de los hechos, pues respecto de determinadas medidas de investigación, el legislador no deja ya en manos del juez qué delitos permiten utilizar un determinado medio sino que concreta qué delitos pueden ser investigados mediante esas medidas, tal como veremos más adelante.

En cualquier caso, la base para adoptar cualquier medida de investigación que afecte a los derechos fundamentales de los ciudadanos será siempre la existencia de indicios racionales de criminalidad, que han sido reiteradamente definidos por el Tribunal Constitucional como algo más que simples sospechas pero también algo menos que los indicios racionales que se exigen para el procesamiento (entre otras, sentencias del Tribunal Constitucional 171/1997, de 27 de setiembre; y 138/2001, de 18 de junio). Como dice la sentencia del Tribunal Constitucional 197/2009, de 28 de septiembre *"la relación entre la persona investigada y el delito se manifiesta en sospechas, que no son tan sólo circunstancias meramente anímicas, sino que precisan para que puedan entenderse fundadas hallarse apoyadas en datos objetivos, que han de serlo en un doble sentido. En primer lugar, en el de ser accesibles a terceros, pues si no, no serían susceptibles de control, y en segundo lugar, en el de que han de proporcionar una base real de la que pueda inferirse que se ha cometido el delito, sin que puedan consistir en valoraciones acerca de la persona. Esta mínima exigencia resulta indispensable desde la perspectiva del derecho fundamental, pues si el secreto pudiera alzarse sobre la base de meras hipótesis subjetivas, el derecho al secreto de las comunicaciones, tal y como la CE lo configura, quedaría materialmente vacío de contenido" (STC 49/1999, de 5 de abril, FJ 8; en el mismo sentido, SSTC 166/1999, de 27 de septiembre, FJ 8; 171/1999, de 27 de septiembre, FJ 8; 299/2000, de 11 de diciembre, FJ 4; 14/2001, de 29 de enero, FJ 5; 138/2001, de 18 de junio, FJ 3; 202/2001, de 15 de octubre, FJ 4; 167/2002, de 18 de septiembre, FJ 2; 184/2003, de 23 de octubre, FJ 11; 261/2005, de 24 de octubre, FJ 2; 220/2006, de 3 de julio, FJ 3).*

Pasemos ya a estudiar los principios que rigen la adopción, por parte de la autoridad judicial, de todas estas medidas de investigación tecnológica reguladas en los artículos 588 bis a) a 588 octies.

B) Principios rectores

Dispone el **artículo 588 bis a)** que la adopción de cualquiera de estas medidas deberá realizarse siempre con sujeción a los principios de especialidad, idoneidad, excepcionalidad, necesidad y proporcionalidad, precisando el propio precepto legal qué debe entenderse por cada uno de estos principios. La regulación legal recoge, básicamente, la reiterada jurisprudencia, tanto del Tribunal Constitucional como del Tribunal Supremo, que durante años, y como ya hemos explicado con anterioridad, fue la fuente principal que los jueces de instrucción y demás órganos jurisdiccionales tenían en cuenta a la hora de adoptar medidas restrictivas de derechos fundamentales en el curso del proceso penal.

Así, el **principio de especialidad** impone que la adopción de estas medidas deberá realizarse para la investigación de un delito concreto y determinado, estando proscritas investigaciones prospectivas, es decir, aquéllas que tienen por objeto comprobar la comisión, por parte de una persona o conjunto de ellas, de hechos delictivos indeterminados. El respeto a este principio ya fue exigido por el Tribunal Supremo desde el auto del ya mencionado "Caso Naseiro" y la consecuencia directa es que el juez únicamente podrá acordar medidas restrictivas de derechos fundamentales para investigar un delito cuando existan indicios racionales de la comisión de dicho delito, teniendo dicho el Tribunal Supremo que en este momento inicial del proceso penal no es necesario que dichos indicios sean los mismos que los que se exigen para determinar la continuación o archivo de las diligencias, pues es evidente que, de contarse ya con ese tipo de indicios o con indicios tan contundentes, se haría completamente innecesario la utilización de este tipo de medidas de investigación. No obstante, tal como hemos visto, los indicios deben ser más que meras sospechas subjetivas y deben venir amparados por hechos que pueda ser constatados por la autoridad judicial, a quien deberán facilitarse todos los datos necesarios que obren en poder de la policía sobre la existencia del delito y la participación de determinada persona en su comisión, sin que al juez pueda sustraérsele información relevante sobre el origen de los datos que conoce la policía, siendo, en consecuencia, insuficiente la mera afirmación, no soportada en datos objetivos y contrastables por el juez, de que ha llegado a oídos de los funcionarios policiales la comisión de un delito por una persona o personas determinadas.

El siguiente principio es el de **idoneidad**, según el cual únicamente podrán adoptarse las medidas restrictivas de derechos fundamentales que presumiblemente vayan a ofrecer una utilidad para la investigación del concreto hecho delictivo que constituye el objeto del proceso, debiendo descartarse aquellas otras que se revelan como inútiles para obtener pruebas o indicios de la comisión del hecho delictivo que se está investigando y de quienes participen en el.

Los principios de **excepcionalidad y necesidad** implican que solo podrá acordarse la medida cuando no existan otros medios menos gravosos para los derechos fundamentales del investigado que sean igualmente útiles para la investigación o cuando, en función de las circunstancias concurrentes, el esclarecimiento de los hechos, de los presuntos responsables y/o la localización de los efectos del delito se vea gravemente dificultada en caso de no hacerse uso de la medida en cuestión.

Finalmente, la medida debe ser **proporcionada**, indicando la ley que dicho requisito sólo concurrirá cuando, teniendo en cuenta todas las circunstancias del caso, el sacrificio de los derechos e intereses afectados no sea superior al beneficio que de su adopción resulte para el interés público y de terceros, para lo cual el juez deberá valorar tanto la gravedad objetiva del hecho, la trascendencia social que su comisión tiene, el hecho de que para la comisión del delito sea imprescindible el uso de medios tecnológicos que obliguen a utilizar medidas de la misma naturaleza para obtener pruebas de la comisión del delito o descubrir a sus autores, así como la intensidad de los indicios existentes y la relevancia del resultado perseguido con la restricción del derecho. En definitiva, y conforme a la jurisprudencia reiterada del Tribunal Supremo, únicamente podrán adoptarse este tipo de medidas invasivas o restrictivas de derechos fundamentales cuando se trate de investigar un hecho delictivo grave, lo que excluye la posibilidad de adoptar estas medidas para la investigación de delitos leves, debiendo valorarse, fundamentalmente, por el juez si, en función de los indicios existentes (cuanto más fuertes sean estos estará más justificada la utilización de estos medios investigación tecnológica) la medida presumiblemente va a ofrecer información relevante para el esclarecimiento de los hechos y de las personas que en ellos han participado.

En cualquier caso, los anteriores principios, si bien deben concurrir en todos los supuestos para adoptar medidas restrictivas de los derechos fundamentales en el curso de un proceso penal, en ocasiones no serán suficientes puesto que, singularmente respecto del principio de proporcionalidad, la propia Ley, como veremos, determina qué concretos delitos pueden ser objeto de investigación mediante algunos de estos medios de investigación que ahora estudiamos, de forma que, cuando así ocurra, es la propia ley la que determina si la medida es o no proporcional.

C) Requisitos de la solicitud

Sin perjuicio de que, obviamente, el juez puede acordar de oficio cualesquiera de estas medidas, lo habitual será que quien solicite las mismas al Juez de Instrucción sea la Policía y, menos comúnmente, el Ministerio Fiscal. En estos últimos casos, el **artículo 588 bis b)** establece qué requisitos, formales y materiales, debe contener la solicitud, de forma que cuando la policía solicite del juez alguna de estas medidas deberá asegurarse que el escrito de solicitud se contienen todas y cada una de las circunstancias siguientes:

1.º La descripción del hecho objeto de investigación y la identidad del investigado o de cualquier otro afectado por la medida, siempre que tales datos resulten conocidos.

Dicha descripción deberá ser lo más exhaustiva posible, facilitando, como ya hemos dicho, el juez todos los datos recabados por la policía en el curso de la investigación preliminar y, desde luego, no ocultando nada que pueda ser relevante para que el juez adopte su decisión. Uno de esos datos será, sin duda, la circunstancia de que con anterioridad se hubiera solicitado una medida restrictiva de derechos fundamentales para investigar el mismo delito y dicha petición hubiera sido rechazada por juez competente pues, como tiene dicho el Tribunal Supremo, lo que no puede hacer la Policía es, ante la negativa del juez al que inicialmente se le realiza la solicitud, acudir a otro órgano judicial planteándole la misma petición, lo cual ha sido calificado por el Tribunal Supremo como un auténtico fraude de ley, que podría incluso provocar responsabilidades en los funcionarios policiales que así se comportaran.

No es imprescindible que se identifique plenamente al sujeto afectado por la medida. Así se desprende de la expresión que usa la ley y así lo ha declarado en numerosas ocasiones el Tribunal Constitucional, como en la sentencia 150/2006, de 22 de mayo, donde en relación esta cuestión dijo: *"más allá de ello, y aunque en varias sentencias se ha hecho referencia, como expresión del alcance subjetivo de la medida, a la importancia de identificar las concretas personas investigadas, usuarios del teléfono intervenido, del conjunto de la jurisprudencia de este Tribunal, construida fundamentalmente para dar respuesta a casos en que se plantean otro tipo de problemas, no se desprende que la previa identificación de los titulares o usuarios de las líneas telefónicas a intervenir resulte imprescindible para entender expresado el alcance subjetivo de la medida, excluyendo la legitimidad constitucional de las intervenciones telefónicas que, recayendo sobre sospechosos, se orienten a la identificación de los mismos, no otorgando relevancia constitucional a cualquier error respecto de la identidad de los titulares o usuarios de las líneas a intervenir. A la vista de los avances tecnológicos en el ámbito de la telefonía –por ejemplo, con la aparición de teléfonos móviles y tarjetas prepago, que dificultan la identificación de los titulares y usuarios, facilitando el intercambio de los teléfonos– esas exigencias resultarían desproporcionadas por innecesarias para la plena garantía del derecho y gravemente perturbadoras para la investigación de delitos graves, especialmente cuando estos se cometen en el seno de estructuras delictivas organizadas".*

2.º La exposición detallada de las razones que justifiquen la necesidad de la medida de acuerdo a los principios rectores establecidos en el artículo 588 bis a, así como los indicios de criminalidad que se hayan puesto de manifiesto durante la investigación previa a la solicitud de autorización del acto de injerencia.

La solicitud no debe limitarse a describir los hechos o datos que ha obtenido la policía con sus pesquisas preliminares sino también ha de explicarse al Juez por qué la medida que se solicita es idónea, es necesaria y es imprescindible para poder continuar con la investigación, a fin de que la autoridad judicial pueda valorar la concurrencia, o no, de los principios que anteriormente hemos visto. Por ello, será necesario indicar en el oficio de solicitud en qué medida la investigación no puede avanzar o su consecución se torna especialmente dificultosa, si no se adoptan las medidas que se solicitan del juez, así como por qué otras medidas alternativas no pueden ser adoptadas en el caso concreto sin perjuicio para la investigación.

3.º Los datos de identificación del investigado o encausado y, en su caso, de los medios de comunicación empleados que permitan la ejecución de la medida.

En ocasiones, la policía no dispondrá exactamente de todos los datos necesarios para identificar plenamente al investigado, debiendo acudirse, precisamente, a la medida que se solicita para conseguir dicha plena identificación. En estos casos, obviamente, bastará con indicar en el oficio los datos de que disponga la policía que permitan, siquiera sea de forma muy aproximada, como corresponde a una fase inicial del proceso, dicha identificación.

Nos remitimos a la jurisprudencia constitucional expuesta con anterioridad.

4.º La extensión de la medida con especificación de su contenido.

Siendo la policía la solicitante de la medida, lógicamente deberá especificar al Juez el alcance que pretende que tenga esta y el concreto contenido de la misma, pues dichos datos son fundamentales para que el juez valore la concurrencia de los requisitos legales para su adopción. Así, si se trata de solicitar los datos de tráfico de un determinado teléfono o número de teléfono, la solicitud deberá contener, además, obviamente, del número IMEI o IMSI al que se refiere la medida, el periodo temporal al que ha de extenderse la petición así como los tipos de datos que se van a solicitar, pues no siempre habrá que solicitar la totalidad de los datos que pueden conservar las operadoras de telefonía en su poder. Si se trata del registro remoto de un dispositivo informático, habrá que indicar con la mayor precisión qué dispositivo va ser objeto de registro, por ejemplo concretando su ubicación, su usuario, su modelo o marca o cualquier dato que permita individualizar el dispositivo sobre el que la medida se va a aplicar.

5.º La unidad investigadora de la Policía Judicial que se hará cargo de la intervención.

La determinación de la unidad policial que va efectuar la investigación mediante el uso de las medidas que se solicitan es fundamental para que el juez conozca, sin ningún género de dudas, quienes van a ser responsables de su desarrollo a fin de realizar sus funciones de dirección del proceso y de control de la ejecución de la medida así como, en su caso, para exigir la responsabilidades a que hubiera lugar por una inadecuada actuación policial.

6.º La forma de ejecución de la medida.

Con esta expresión se refiere la Ley a aquellas circunstancias relativas a la forma de ejecución o desarrollo de la medida, lo que variará en función de cuál sea la medida que se trata de utilizar, pues, obviamente, no es lo mismo intervenir un teléfono móvil que colocar un dispositivo de seguimiento de un vehículo o cámaras o micrófonos en el interior del domicilio.

7.º La duración de la medida que se solicita.

En relación esta cuestión, es conveniente que el cuerpo policial solicitante no solamente determine la duración que solicita para la medida sino que también motive por qué considera necesaria la referida duración, sin perjuicio, naturalmente, de que el juez pueda, si lo considera necesario para garantizar el respeto a los principios rectores antes mencionados, singularmente los principios de necesidad y proporcionalidad, autorizar la medida por un plazo inferior, sin perjuicio de las prórrogas correspondientes en caso de que estas resulten necesarias, tal como veremos.

8.º El sujeto obligado que llevará a cabo la medida, en caso de conocerse.

Se refiere este punto a la identidad de la persona o entidad, pública o privada, cuyo concurso se hace necesario para llevar a cabo la medida de investigación solicitada, dato fundamental para dirigir los oportunos oficios judiciales así como para determinar las consecuencias que un eventual incumplimiento o falta de colaboración de esa persona o entidad pueda suponer.

Como puede observarse, aunque éste precepto se sitúa dentro del capítulo IV, que contiene las disposiciones comunes a todas las medidas de investigación tecnológica, respecto de muchas de ellas no será necesario consignar la totalidad de los puntos que acabamos de ver puesto que, en función de la naturaleza de la medida, dichos puntos no serán necesarios. Por ejemplo, si lo que se solicita es el listado de movimientos de un determinado dispositivo móvil o la titularidad de una determinada dirección IP es claro que ningún sentido tiene fijar en el oficio de solicitud la duración de la medida pues, por su propia naturaleza, la ejecución de dichas medidas no se prolongan en el tiempo. En estos dos casos tampoco será necesario consignar en el oficio de solicitud el dato relativo a la forma de ejecución de la medida puesto que ésta consistirá, simplemente, en la emisión de un oficio por el órgano judicial, lógicamente después de que el juez dicte el auto autorizando la medida, y la entrega de dicho oficio al destinatario.

Lo que sí es importante hacer constar es que, cuando la policía solicita y obtiene del juez de Instrucción que éste autorice y reclame de determinadas operadoras, entidades o personas una concreta información, es la policía la que debe velar por la correcta remisión, en el plazo indicado por el juez, de la información que se solicita, sin que sea necesario que el juez esté reiterando los oficios para que se lleve a cabo lo acordado, siendo obligación de los funcionarios policiales estar pendientes del cumplimiento de los oficios judiciales, adoptando las medidas necesarias para que, una vez transcurrido el plazo concedido sin haber obtenido la pertinente respuesta, la persona o entidad obligada a prestar la colaboración o darle información reclamada cumpla con la orden judicial, estando legitimada la policía para adoptar las medidas coercitivas oportunas, incluyendo la incoación de oficio de diligencias por delito de desobediencia, con la consiguiente identificación nominativa del sujeto obligado a cumplimentar la resolución judicial, remitiendo el correspondiente atestado al Juzgado que acordó o autorizó la medida para que este disponga lo oportuno para exigir las responsabilidades penales en que se haya podido incurrir por la omisión de la colaboración requerida. Se insiste que todo esto puede y debe ser realizado por la policía sin necesita de que sea el juez quien les requiera para que lo hagan.

D) Requisitos de la resolución judicial

Dispone el artículo **588 bis c**) de la Ley de Enjuiciamiento Criminal que el juez autorizará o denegará la medida mediante auto motivado, oído el Ministerio Fiscal, lo que implica que cualquier solicitud policial para la adopción de estas medidas contempladas en la reforma deba ser trasladada al fiscal para que emita el correspondiente informe. Este informe no es vinculante para el juez y, en cualquier caso, deberá ser motivado, siendo su objeto emitir la opinión de la fiscalía sobre si concurren o no en la solicitud policial los requisitos legales para conceder la medida de investigación solicitada. Naturalmente, cuando sea el propio Ministerio Fiscal quien solicite la medida no será necesario darle nuevo traslado.

El juez deberá resolver sobre la medida solicitada en el plazo de 24 horas, lo que obliga a que fiscal se pronuncie sobre la medida de forma prácticamente inmediata. Este breve plazo no tiene, en principio, una justificación clara, pues es evidente que, en función de la naturaleza de las medidas que se solicitan o de las circunstancias que concurran en el caso concreto, será más o menos urgente que el juez resuelva sobre la solicitud. Sin embargo, la ley no distingue y obliga, en todos los casos, a que el juez se pronuncie en tan breve plazo, que en muchos casos será de imposible cumplimiento, dada la carga de trabajo que soportan los Juzgados de Instrucción y las fiscalías.

Si el juez considera que se hace necesario pedir alguna aclaración o ampliación a la policía o al Ministerio Fiscal, en el caso de que sea este último el solicitante de la medida, podrá hacerlo, quedando en ese caso en suspenso el plazo antes mencionado.

Este artículo, en su apartado tercero, establece sobre qué aspectos deberá, necesariamente, de pronunciarse el juez en su resolución, siendo estos los siguientes:

a) El hecho punible objeto de investigación y su calificación jurídica, con expresión de los indicios racionales en los que funde la medida.
b) La identidad de los investigados y de cualquier otro afectado por la medida, de ser conocido.
c) La extensión de la medida de injerencia, especificando su alcance así como la motivación relativa al cumplimiento de los principios rectores establecidos en el artículo 588 bis a.
d) La unidad investigadora de Policía Judicial que se hará cargo de la intervención.

e) La duración de la medida.
f) La forma y la periodicidad con la que el solicitante informará al juez sobre los resultados de la medida.
g) La finalidad perseguida con la medida.
h) El sujeto obligado que llevará a cabo la medida, en caso de conocerse, con expresa mención del deber de colaboración y de guardar secreto, cuando proceda, bajo apercibimiento de incurrir en un delito de desobediencia.

Como ya hemos dicho anteriormente, algunas de estas cuestiones no será necesario consignarlas cuando, por ejemplo, las medidas que vayan a adoptarse sean de ejecución inmediata. Lo que sí es importante que se consigne en el auto, además de los motivos que llevan al Juez a apreciar la concurrencia de los requisitos necesarios para autorizar la medida de investigación restrictivas de derechos fundamentales, es qué hechos se tratan de esclarecer mediante las medidas solicitadas y qué indicios delictivos aprecia el juez.

E) Efectos, duración y control de la medida

El artículo **588 bis d)** contiene una prevención que no debería estar en estas disposiciones generales. En efecto, dicho precepto dispone que la solicitud y las actuaciones posteriores relativas a la medida solicitada se sustancien en una pieza separada y secreta, sin necesidad de que se acuerde expresamente el secreto de la causa.

Esta prevención legal únicamente tiene sentido cuando hablamos de medidas cuya ejecución se dilata en el tiempo o de aquellas otras que, aunque sean de ejecución instantánea, no deban ser conocidas por investigado, en el caso de que éste esté personado en las diligencias judiciales, ante el riesgo de que pueda dificultar o impedir la práctica de la diligencia que se solicita. Pero ningún sentido tiene esta previsión legal cuando se trata de diligencias que no van a poder ser afectadas por una actuación obstativa del investigado, como por ejemplo las relativas a la petición de información de datos de tráfico, o de titularidades de direcciones IP, o incluso al registro de dispositivos de almacenamiento masivo de datos que ya se encuentren en poder de la policía o del órgano judicial como consecuencia de la intervención de dicho dispositivos en un registro.

Como es de ver, esta previsión tiene sentido principalmente respecto de las intervenciones de las comunicaciones del investigado, en cuyo supuesto no será ya necesario, como ocurría antes de la reforma, que el juez decrete el secreto de todas las diligencias.

El artículo **588 bis e)** dispone algo que resulta obvio: que las medidas tendrán la duración que establezca el juez y que dicha duración no podrá ir más allá del tiempo que resulte imprescindible mantener la medida para el esclarecimiento de los hechos, lo que no es sino consecuencia directa de los principios de idoneidad, excepcionalidad y necesidad que han de concurrir para su adopción. En tal sentido, previene también este artículo la posibilidad de prorrogar las medidas, sin perjuicio de que, respecto de algunas de ellas, tal como veremos, la propia ley establezca una duración máxima que, en ningún caso, podrá ser superada. Una vez que transcurra el plazo por el que se acordó la medida sin que se haya acordado la prórroga, cesara esta a todos los efectos, sin necesidad, en principio, de que el juez acuerde su cese en una resolución específica.

Respecto de cuándo comienza a computarse el plazo establecido por el juez, nada dice la ley. La interpretación más garantista, seguida, por ejemplo, en la sentencia del Tribunal Constitucional 205/2005, impone considerar que dicho plazo comienza desde la fecha de la resolución judicial, aunque el efectivo inicio de la medida se haya producido con posterioridad, pues sólo de esa manera puede saberse con precisión y seguridad el *"dies a quo"* en el cómputo del plazo. Otra posibilidad, que también evita cualquier tipo de confusión en relación a la duración de la medida, es que la propia resolución judicial determine concretamente cuando termina ésta, por ejemplo indicando que la intervención telefónica se extenderá hasta las 00,00 horas de tal día.

En cuanto a la prórroga de las medidas de investigación, dispone el artículo **588 bis f)** que la solicitud deberá ser dirigida al juez competente por la policía o por el Ministerio Fiscal con antelación suficiente a la expiración del plazo concedido inicialmente, para que el juez pueda valorar la necesidad y pertinencia de la prórroga que se solicita. En todo caso, la solicitud deberá contener un informe detallado del resultado de la medida hasta el momento en que se solicita la prórroga y las razones que justifiquen la continuación de la medida.

No exige la ley que en el momento de la solicitud de prórroga se pongan a disposición del juez las conversaciones ya intervenidas o los datos ya obtenidos, si bien, lógicamente, el Juez podrá exigir que se le entreguen para valorar la concurrencia de los requisitos legales para la continuación de la medida de investigación. También podrá el juez reclamar aclaraciones o mayor información antes de resolver sobre la solicitud, resolución que deberá dictarse en el plazo de los dos días siguientes a la presentación de la solicitud o, en su caso, de las aclaraciones solicitadas por la autoridad judicial. En cualquier caso, en el caso de que la prórroga sea concedida, su cómputo se iniciará desde la fecha de expiración del plazo de la medida acordada, prevención legal que aclara un extremo tan importante como es hasta cuándo tiene vigencia la medida acordada cuando se haya acordado la prórroga del plazo inicialmente establecido.

El artículo **588 bis g)** regula el control judicial de la medida, que deberá realizarse por la policía judicial en la forma y con la periodicidad que el juez determine y, en todo caso, cuando por cualquier causa se ponga fin a la medida de investigación. La redacción del precepto permite que el juez acuerde que la policía judicial le mantenga informado del desarrollo de la investigación de forma verbal, si bien, obviamente, cuando finalice la medida que corresponda deberá emitirse el oportuno informe final en el que se recoja la totalidad de los resultados de la investigación. En cualquier caso y como se dice, será el juez, en cuanto director de la instrucción, quien determine la forma y momento en que la policía debe darle cuenta del desarrollo de la medida.

El artículo **588 bis h)** establece algo que resulta de gran utilidad en un número importante de investigaciones y es que se consagra la posibilidad de que las medidas de investigación que estamos estudiando puedan ser acordadas aun cuando afecten a terceras personas, pero limitándose esa posibilidad a que concurran las circunstancias y las condiciones que, respecto de cada una de las medidas de investigación tecnológica, exige la ley, lo cual, por otra parte, parece obvio y no hubiera sido necesario que se indicará de forma expresa.

Lo que permite este precepto es que la medida de investigación pueda afectar a personas que, incluso, no resulten sospechosas de la comisión de ningún hecho delictivo pero que sean usadas por los verdaderos autores precisamente para dificultar la labor de las autoridades en el descubrimiento del delito. Éste precepto permitiría, por ejemplo, intervenir al teléfono de una persona respecto de la cual no existen indicios de su participación en un delito de tráfico de drogas pero cuyo teléfono móvil o su ordenador pudieran estar siendo usados por los verdaderos autores para comunicarse. Naturalmente, tanto la policía como el juez habrán de extremar su celo a la hora de motivar, bien la solicitud, bien la resolución judicial que acuerda dicha medida puesto que, en definitiva, se está afectando los derechos fundamentales de una persona que, al menos conscientemente, no está participando en ningún hecho delictivo, debiendo valorarse, sobre todo, en estos casos la proporcionalidad de la afectación de dicho derecho fundamental, lo que implicará que únicamente cuando resulte completa, total y absolutamente imprescindible dicha medida podrá ser acordada y sólo respecto de hechos delictivos de especial gravedad y trascendencia.

F) Hallazgos causales y uso de la información en otro proceso

El artículo **588 bis i)** contiene una prevención de alcance exclusivamente procesal en relación a la posibilidad de utilizar las informaciones obtenidas en un procedimiento en una causa distinta, así como los llamados descubrimientos casuales, remitiéndose dicho precepto al nuevo artículo 579 bis. Conforme a este precepto, cuyo origen viene determinado directamente por diversas sentencias del Tribunal Supremo que explicaban qué requisitos debían concurrir para que en un proceso pudieran valorarse hechos o pruebas obtenidas en otro distinto, será necesario que se deduzca testimonio de los particulares necesarios para acreditar la legitimidad de la injerencia. Es decir, no será suficiente con remitir copia testimoniada del resultado de la medida de investigación sino también de los antecedentes que justificaron la autorización judicial de ésta, singularmente el oficio policial de solicitud y también la propia resolución judicial habilitante, así como los mismos elementos respecto de las sucesivas prórrogas, pues sólo de esa manera podrá valorarse la legitimidad de la injerencia en el derecho fundamental en el otro proceso en el que se pretende utilizar el material probatorio obtenido en el primero.

De igual manera, en relación a los descubrimientos casuales, y tal como venía exigiendo reiteradamente la jurisprudencia del Tribunal Supremo, el artículo 579 bis establece que, para la investigación de ese nuevo delito descubierto casualmente, se requiere autorización del juez competente, para lo cual éste comprobará la dirigencia de la actuación, evaluando el marco en el que se produjo el hallazgo casual y la imposibilidad de haber solicitado la medida que lo incluyera en su momento, prevenciones estás tendentes a evitar posibles abusos policiales que se producirían cuando, conociendo la policía, o teniendo razones para conocer, que en el curso de la medida investigación iban a descubrirse otros hechos delictivos distintos de aquellos para los cuales dicha medida fue solicitada, sin embargo los funcionarios policiales ocultan dicha información al juez para conseguir, de esta forma irregular, pruebas o indicios de la comisión del delito que realmente pretendían investigar.

La decisión sobre la investigación del delito casualmente descubierto no correspondería, conforme al tenor literal de este precepto, al mismo Juez que ha autorizado las medidas de investigación sino al que resulte territorialmente competente, a cuyo efecto establece el artículo que será a dicho juez, cuando se le solicite la autorización preceptiva para continuar con la investigación del delito casualmente descubierto, a quien deberá informársele si las diligencias iniciales en las que dicho descubrimiento se ha producido siguen declaradas secretas, a fin de que tal declaración sea respetada en el nuevo proceso que se inicie, debiéndose comunicar el momento en que dicho secreto se alce.

G) Cese de las medidas

El artículo **588 bis j)** dispone que el juez acordará el cese de la medida cuando desaparezcan las circunstancias que justificaron su adopción o resulte evidente que a través de la misma no se están obteniendo los resultados pretendidos y, en todo caso, cuando haya transcurrido el plazo para el que hubiera sido autorizada. Este precepto determina algo que también es de sentido común y deriva, directamente, del carácter excepcional de las medidas invasivas de derechos fundamentales en el proceso penal: que si se comprueba que la medida no está dando los resultados esperados o pueden ser utilizados otros medios de investigación menos invasivos de los derechos fundamentales del investigado y con igual eficacia la medida deberá ser cesada.

El precepto, no obstante, parece contradictorio con lo que dispone el artículo 588 bis e) en su apartado tercero, pues hemos visto que allí se indica que la medida cesará, a todos los efectos, cuando hubiera transcurrido el plazo por el que resultó autorizada y, sin embargo, parece que el juez, incluso en ese caso, debe acordar el cese de la medida, lo que no tiene ningún sentido.

Finalmente, el artículo **588 bis k)** contiene una disposición novedosa que ha generado dudas sobre su finalidad y sentido. Según este precepto, una vez que se ponga fin al procedimiento mediante resolución judicial firme (que puede ser tanto una sentencia, ya sea ésta condenatoria o absolutoria como un auto de sobreseimiento libre, cuyos efectos son los mismos que una sentencia absolutoria) se ordenará (aunque no lo diga la ley, la orden deberá partir de la autoridad judicial que ha dictado dicha resolución final) el borrado y eliminación de los registros originales que puedan constar en los sistemas electrónicos informáticos utilizados en la ejecución de la medida, conservándose, no obstante, una copia bajo la custodia del secretario. No está clara cuál es la finalidad de esta conservación de copia por parte del secretario que, además, planteará numerosos problemas logísticos, pues en muchas ocasiones dicha copia ocupará un ingente volumen de espacio informático, sin que esté claro para qué dice la ley que se conserve esa copia cuando ya existe una resolución firme que ha puesto fin al procedimiento.

Por si esto no fuera suficiente, dispone dicho precepto que se acordará la destrucción de las copias conservadas por el Secretario cuando hayan transcurrido cinco años desde que la pena se haya ejecutado o cuando el delito o la pena hayan prescrito o se haya decretado el sobreseimiento libre o haya recaído sentencia absolutoria firme respecto del investigado, siempre que no fuera precisa su conservación, a juicio del tribunal. Esta disposición parece un tanto contradictoria con la contenida en el párrafo anterior, pues parece que no será necesaria la conservación de la copia, contrariamente a lo que se indica en el párrafo primero, que no determina ninguna excepción, no estando claro tampoco cuándo se acordará la destrucción de dichas copias en los casos de prescripción del delito o la pena o de sobreseimiento libre o sentencia absolutoria. En estos casos, no parece tener ningún sentido hacer una copia para que la custodie el secretario para, inmediatamente después, proceder a su destrucción, de forma que una interpretación sistemática del precepto conlleva que la realización y custodia de una copia por parte del secretario se producirá, únicamente, cuando haya existido una sentencia condenatoria, y en este caso sólo durante el plazo de cinco años desde que la pena se haya ejecutado o hasta que se dicte auto de prescripción de dicha pena, procediéndose a la destrucción inmediata de los registros originales en los casos de sentencia absolutoria o auto de sobreseimiento libre o de prescripción del delito, resoluciones todas ellas que deberán ser, lógicamente, firmes.

Finalmente, dispone el precepto que será la policía judicial la que deba materializar la destrucción ordenada por la autoridad judicial, a cuyo efecto parece evidente que, una vez dada dicha orden y procedido el borrado, deberá comunicarse así a la autoridad judicial, debiendo hacerse constar la identidad del funcionario policial que garantiza el efectivo borrado de la información.

3. LA MODIFICACIÓN DE LA REGULACIÓN DE LAS INTERVENCIONES TELEFÓNICAS Y TELEMÁTICAS

En el capítulo V (artículos 588 ter a) a 588 ter m) se regula todo lo relativo a la interceptación de las comunicaciones telefónicas y telemáticas, por lo que los preceptos en él contenidos servirán para intervenir todo tipo de comunicaciones entre dos personas que se encuentren separadas y necesiten utilizar cualquier tipo de dispositivo tecnológico para comunicarse entre sí. No serán de aplicación estas prevenciones cuando se trate de intervenir las comunicaciones entre dos personas que se encuentran juntas, en un mismo espacio, y no utilizan para realizar dicha comunicación ningún tipo de dispositivo. En estos casos, serán de aplicación las disposiciones contenidas en el Capítulo VI.

El Capítulo, con una sistemática que ha sido criticada por la doctrina, contiene una sección 1ª, dedicada a las disposiciones generales; una sección 2ª, titulada *"incorporación al proceso de datos electrónicos de tráfico o asociados"*; y una sección 3ª denominada *"acceso a los datos necesarios para la identificación de usuarios, terminales y dispositivos de conectividad"*. En rigor, las disposiciones que regulan las intervenciones de las comunicaciones telefónicas y telemáticas se recogen en la sección 1ª, conteniéndose las otras dos secciones normas para la obtención de datos que conservan en su poder las operadoras, lo que obligará a poner en relación dichas disposiciones con las prevenciones contenidas en la ley 25/2007, a la que ya nos hemos referido.

A) Presupuestos

La modificación más relevante de la reforma se contiene en el artículo **588 ter a)**. Este nuevo precepto establece qué delitos pueden ser investigados mediante la utilización de esta medida, lo cual supone una novedad absoluta en nuestro ordenamiento jurídico, pues hasta entonces era el juez quien, valorando un concepto jurídico tan indeterminado como el relativo a la gravedad de los delitos, establecía si un determinado tipo delictivo podía ser investigado, o no, mediante la intervención de las comunicaciones de los presuntos autores.

Tras la reforma, la intervención de las comunicaciones telefónicas y telemáticas de los sospechosos únicamente cabrá, conforme a este precepto, en la investigación de los siguientes delitos:

1.º Delitos dolosos castigados con pena con límite máximo de, al menos, tres años de prisión.
2.º Delitos cometidos en el seno de un grupo u organización criminal.
3.º Delitos de terrorismo.
4.º Delitos cometidos a través de instrumentos informáticos o de cualquier otra tecnología de la información o la comunicación o servicio de comunicación.

La redacción del precepto podría haber sido más clara. El primer supuesto se refiere a aquellos delitos en los que, en el margen superior de la horquilla que el Código Penal señala como pena a imponer, la duración sea de, al menos, tres años de prisión. Aunque a simple vista pudiera parecer una limitación importante no lo es tanto si pensamos que, por ejemplo, un simple hurto agravado del artículo 235 del Código Penal (castigado con pena de uno a tres años de prisión) podría, teóricamente, ser investigado mediante este tipo de medidas.

También plantea problemas la redacción del segundo supuesto, pues el tenor literal utilizado por el legislador parece que sólo permitiría intervenir teléfonos u otros medios de comunicación para investigar los delitos cometidos por un grupo u organización criminal, pero no la simple pertenencia a un grupo u organización criminal, lo que no tiene ningún sentido y obligará, de nuevo, a la jurisprudencia del Tribunal Supremo a aclarar este precepto.

Finalmente, tampoco el supuesto previsto en el último apartado es lo suficientemente claro como para evitar las dudas interpretativas. En mi opinión, y en atención al carácter excepcional de todas las medidas de investigación invasivas de derechos fundamentales, no será suficiente con que los autores del delito utilicen medios informáticos para comunicarse sino que los delitos que cometan deberán ser de aquellos cuyo medio de comisión son, precisamente, la informática o los servicios de la sociedad de la información (redes sociales, blogs, etc.).

B) Objeto de la medida

El artículo **588 ter b)** concreta qué dispositivos de comunicación pueden ser objeto de intervención: aquellos que, habitual u ocasionalmente, sean utilizados por el investigado, presunto partícipe en el delito que se está investigando, bien sea titular del medio de comunicación, bien dicho medio pertenezca un tercero y el sospechoso sea un mero usuario de éste. Éste precepto, interpretado conjuntamente con el que ya hemos tratado, el artículo 588 bis h), permitirá intervenir los medios de comunicación de terceros no partícipes en el delito cuyos teléfonos u ordenadores sean utilizados para la realización de actividades delictivas por parte del investigado. De igual manera, dispone la ley que también podrán intervenirse los terminales o medios de comunicación de la víctima del delito cuando sea previsible un grave riesgo para su vida o integridad.

Ahora bien, no en todo caso será posible la intervención de las comunicaciones emitidas desde terminales o medios de comunicación telemática pertenecientes a una tercera persona, pues está posibilidad sólo podrá ser autorizada, conforme dispone el artículo **588 ter c)**, siempre que exista constancia de que el sujeto investigado se sirve de aquélla para transmitir o recibir información (se entiende sin conocimiento ni consentimiento del titular) o cuando el titular colabore con la persona investigada en sus fines ilícitos o se beneficie de su actividad, pudiendo también autorizarse dicha intervención cuando el dispositivo objeto de investigación sea utilizado maliciosamente por terceros por vía telemática, sin conocimiento de su titular (por ejemplo, mediante la introducción de robots informáticos u otro software malicioso que permita el control remoto de un dispositivo informático ajeno).

Lo que puede ser objeto de intervención no se reduce, exclusivamente, al contenido de las comunicaciones verbales sino que la ley dispone que será la resolución judicial habilitante la que determine el alcance de ésta, que podrá extenderse, evidentemente, a las comunicaciones de aquella naturaleza pero también a los datos electrónicos de tráfico o asociados al proceso de comunicación, así como a los que se produzcan con independencia del establecimiento o no de una concreta de comunicación y en los que participe el investigado, sometido a la medida, ya sea como emisor o como receptor.

Este precepto ha de ponerse en relación con el artículo 39.5 de la ley 9/2014, de 9 de mayo, General de telecomunicaciones, que determina que los sujetos obligados, es decir, las operadoras y demás prestadores de servicios de la sociedad de la información, deberán facilitar con ocasión de una interceptación de las comunicaciones, salvo que por las características del servicio no estén a su disposición, los datos indicados en la orden de interceptación legal, de entre los siguientes:

a) Identidad o identidades del sujeto objeto de la medida de la interceptación. Se entiende por identidad: etiqueta técnica que puede representar el origen o el destino de cualquier tráfico de comunicaciones electrónicas, en general identificada mediante un número de identidad de comunicaciones electrónicas físico (tal como un número de teléfono) o un código de identidad de comunicaciones electrónicas lógico o virtual (tal como un número personal) que el abonado puede asignar a un acceso físico caso a caso.

b) Identidad o identidades de las otras partes involucradas en la comunicación electrónica.
c) Servicios básicos utilizados.
d) Servicios suplementarios utilizados.
e) Dirección de la comunicación.
f) Indicación de respuesta.
g) Causa de finalización.
h) Marcas temporales.
i) Información de localización.
j) Información intercambiada a través del canal de control o señalización.

También habrá de ponerse en relación este precepto con el artículo 3 de la ley 25/2007, que determina qué datos deben ser conservados por los operadores, a los que ya nos hemos referido con anterioridad.

El artículo **588 ter d)**, en su apartado segundo, establece las diferentes modalidades que comprende la intervención de las comunicaciones, al indicar que *"para determinar la extensión de la medida, la solicitud de autorización judicial podrá tener por objeto alguno de los siguientes extremos:*

a) El registro y la grabación del contenido de la comunicación, con indicación de la forma o tipo de comunicaciones a las que afecta.
b) El conocimiento de su origen o destino, en el momento en el que la comunicación se realiza.
c) La localización geográfica del origen o destino de la comunicación.
d) El conocimiento de otros datos de tráfico asociados o no asociados pero de valor añadido a la comunicación. En este caso, la solicitud especificará los datos concretos que han de ser obtenidos".

El carácter excepcional de la medida y el respeto a los principios de necesidad e idoneidad determinan que no siempre será procedente autorizar todas las anteriores modalidades de intervención, de forma que, por ejemplo, si únicamente interesa conocer la ubicación del investigado a través de sus comunicaciones, no será necesario acordar también el acceso al contenido de las conversaciones o comunicaciones de otro tipo que aquel realice.

En cualquier caso, en la solicitud policial deberá concretarse cuál de las anteriores modalidades de intervención son necesarias para la investigación y cuál de los datos, de los múltiples que almacenan las operadoras y que deben ser facilitados por éstas, son necesarios para la investigación, pudiendo el juez, en su caso, recabar más información o aclaraciones sobre el particular, tal y como hemos visto con anterioridad.

C) Forma de la solicitud

Dispone el artículo **588 ter d)** que la solicitud de autorización judicial deberá contener, además de los requisitos mencionados en el artículo 588 bis b, los siguientes:

a) la identificación del número de abonado, del terminal o de la etiqueta técnica,
b) la identificación de la conexión objeto de la intervención o
c) los datos necesarios para identificar el medio de telecomunicación de que se trate.

El precepto permite intervenir no sólo una determinada línea de teléfono, identificada por el número de abonado, sino también un concreto terminal, identificado por su IMEI, con independencia de las tarjetas (IMSI) que se inserten en el mismo.

Como hemos dicho, únicamente mediante resolución judicial motivada pueden adoptarse este tipo de medidas, por imperativo del artículo 18.3 de la Constitución. Ahora bien, dispone el apartado 3 de este artículo que, en caso de urgencia, cuando las investigaciones se realicen para la averiguación de delitos relacionados con la actuación de bandas armadas o elementos terroristas y existan razones fundadas que hagan imprescindible la medida prevista en los apartados anteriores de este artículo, podrá ordenarla el Ministro del Interior o, en su defecto, el Secretario de Estado de Seguridad. Esta medida se comunicará inmediatamente al juez competente y, en todo caso, dentro del plazo máximo de veinticuatro horas, haciendo constar las razones que justificaron la adopción de la medida, la actuación realizada, la forma en que se ha efectuado y su resultado. El juez competente, también de forma motivada, revocará o confirmará tal actuación en un plazo máximo de setenta y dos horas desde que fue ordenada la medida.

Deriva esta disposición legal, que ya estaba prevista con anterioridad a la reforma en el artículo 579.4 de la Ley de Enjuiciamiento Criminal, del artículo 55.2 de la Constitución, si bien la nueva redacción incrementa las garantías y refuerza el carácter excepcional de esta medida, al exigirse ahora, no sólo la urgencia de la intervención, como ocurría antes, sino también que *"existan razones fundadas que hagan imprescindible la medida"*, las cuales deberán ser puestas de manifiesto al juez cuando se le dé cuenta de esta intervención extraordinaria, a fin de que el juez valore si era necesaria su adopción sin previa resolución judicial, en cuyo caso la ratificará, o no concurrían los requisitos legales para llevarla a cabo sin previa resolución judicial, en cuyo caso no la convalidará, debiendo, en este supuesto, ordenarse la inmediata destrucción de las intervenciones ya llevadas a cabo, pues deben reputarse completamente nulas y sin efecto alguno. En este último caso y conforme al artículo 55.2, último párrafo, de la Constitución, podrían derivarse responsabilidades penales por parte de quienes hubieran acordado la intervención.

Por razones fundadas debe entenderse que es necesario que concurran los indicios racionales de la existencia de un hecho delictivo y de la participación en él de la persona afectada por la intervención, lo que constituye el presupuesto de cualquier medida de investigación invasiva de los derechos fundamentales de los ciudadanos. Y la medida de intervención será imprescindible cuando no existan otros medios alternativos de investigación de similar eficacia y menor afectación del derecho al secreto de las comunicaciones. Por último, únicamente cabrá acudir a esta intervención extraordinaria cuando, concurriendo los otros dos requisitos, no sea posible esperar a que el juez competente la autorice, so riesgo de malograrse el buen fin de la investigación o de que un tercero pueda sufrir un grave riesgo para sus bienes jurídicos más relevantes.

D) Efectos de la medida

El efecto principal de este tipo de medidas de investigación consiste, obviamente, en que las comunicaciones del investigado quedan intervenidas y sometidas a vigilancia por parte de los funcionarios policiales que se encargan de la materialización de la diligencia, bajo el control del juez. Lógicamente, para llevar a cabo la medida es imprescindible la colaboración de las personas, físicas o jurídicas, que prestan los servicios de comunicación telemática al sospechoso, básicamente las operadoras de telefonía y las empresas prestadoras de servicios de la sociedad de la información.

Consciente el legislador de la importancia que, para llevar a cabo esta medida de investigación, tiene la colaboración de terceras personas, dispone el artículo **588 ter e)** que todos los prestadores de servicios de telecomunicaciones, de acceso a una red de telecomunicaciones o de servicios de la sociedad de la información, así como toda persona que de cualquier modo contribuya a facilitar la comunicación a través del teléfono o de cualquier otro medio o sistema de comunicación telemática, lógica o virtual, están obligados a prestar al juez, al Ministerio Fiscal y a los agentes de la policía judicial designados para la práctica de la medida la asistencia y colaboración precisas para facilitar el cumplimiento de los autos de intervención de las telecomunicaciones, quedando dichos sujetos obligados a guardar secreto acerca de las actividades requeridas por las autoridades y pudiendo incurrir en delito de desobediencia si quebrantan ese deber de secreto o no colaboran, en la forma necesaria, para el buen fin de la medida de intervención autorizada por el juez.

En estos casos, deberán ser los funcionarios policiales encargados de llevar a cabo la intervención telefónica quienes comuniquen a la autoridad judicial cualquier incidencia que, provocada por los sujetos obligados a colaborar, impida o dificulte la materialización de la intervención de las comunicaciones acordadas por el juez, debiendo en tal caso la policía identificar debidamente quien sea la persona que, en última instancia, tenía la obligación, dentro del organigrama de la empresa, de llevar a cabo la intervención, a fin de que el juez pueda, por un lado, requerirle en legal forma para que preste la colaboración debida y, por otro, acordar deducir el testimonio correspondiente para depurar las responsabilidades penales en que dicha persona o empresa hayan podido incurrir por la falta de colaboración que impone este precepto legal que estudiamos.

E) Duración de la medida

En cuanto a la duración de la medida de intervención de las comunicaciones, dispone el artículo **588 ter g)** que la duración máxima inicial de la intervención será de tres meses, prorrogables por períodos sucesivos de igual duración hasta el plazo máximo de 18 meses. También indica dicho precepto que la duración de la intervención se computará desde la fecha de la autorización judicial, aunque nada obsta a que el juez, en la resolución habilitante, determine otro sistema de cómputo, siempre que éste sea claro y no genere dudas en relación a la duración de esta medida de investigación.

Como vemos, el legislador ha limitado la duración máxima de una intervención telefónica a 18 meses, debiendo entenderse que dicho plazo se refiere al tiempo máximo en el que un determinado medio de comunicación (bien una línea de telefonía fija, bien un número de telefonía móvil, bien un concreto dispositivo de comunicación telemática) podrá ser sometido a vigilancia. Quiere con ello decirse que si a lo largo de una investigación se intervienen varios medios de comunicación, el plazo máximo de 18 meses deberá computarse respecto de cada uno de ellos. Este plazo puede resultar insuficiente en determinadas investigaciones como las que afectan a grupos delictivos organizados o grupos terroristas.

El plazo inicial puede ser de hasta tres meses, pero nada impide que el juez, en aplicación del principio de especialidad e idoneidad, determine un plazo inicial inferior, de igual manera que, aunque la ley dispone que las prórrogas se harán en sucesivos plazos de tres meses, nada impide que el juez prorrogue las intervenciones por un plazo inferior. Lo que no está permitido es acordar un plazo inicial o una prórroga por un plazo superior a los tres meses que marca este precepto.

En relación a la prórroga, establece el artículo **588 ter h)** que, para la fundamentación de la solicitud, la policía judicial aportará, en su caso, la transcripción de aquellos pasajes de las conversaciones de las que se deduzcan informaciones relevantes para decidir sobre el mantenimiento de la medida, pudiendo el juez, antes de dictar la resolución acordando o denegando la prórroga, solicitar aclaraciones o una mayor información, incluido el contenido íntegro de las conversaciones intervenidas hasta ese momento, lo que es lógico desde el momento en que es el juez el que dirige la instrucción penal y es él quien debe tener a su disposición todos los datos necesarios para fundamentar la continuación de la medida limitativa de los derechos fundamentales del investigado.

F) Control de la medida

Como todo medio de investigación en el que los derechos fundamentales del investigado se ven afectados, la ley exige que exista un efectivo control judicial de su desarrollo y a tal efecto dispone el artículo **588 ter f)** que la policía judicial pondrá a disposición del juez, con la periodicidad que éste determine y en soportes digitales distintos, la transcripción de los pasajes que considere de interés y las grabaciones íntegras realizadas, debiendo indicarse en dichos soportes el origen y destino de cada una de las conversaciones, asegurándose, mediante un sistema de sellado o firma electrónica avanzado o sistemas de adveración suficientemente fiables, la autenticidad e integridad de la información volcada desde el ordenador central a los soportes digitales en que las comunicaciones hubieran sido grabadas.

Éste precepto deriva directamente de lo prevenido en el artículo 588 bis g), que ya hemos estudiado, e impone a las fuerzas de seguridad que pongan a disposición judicial, por un lado, las transiciones realizadas y por otro, la totalidad de las grabaciones intervenidas, sin exclusión alguna, lo que obligará a modificar los sistemas informáticos que hasta la fecha se han venido utilizando para poner a disposición judicial la llamada "evidencia legal", pues hasta ahora se incluye en un mismo soporte digital tanto las grabaciones realizadas o, en su caso, el texto de los mensajes intervenidos como las transcripciones efectuadas por la policía de las conversaciones de interés para la causa. Lo cierto es que no se entiende cuál pueda ser la finalidad de esta exigencia legal.

En cualquier caso, es preciso que la evidencia legal quede garantizada en su integridad e intangibilidad mediante un sistema de sellado o firma electrónica avanzado o sistema de adveración suficientemente fiable, lo cual deberá constar como efectuado en el atestado en el que se pongan a disposición judicial dichos soportes digitales.

Obviamente, en cualquier momento podrá el juez exigir el cotejo del contenido de dichos soportes digitales que se le han entregado con el contenido del ordenador central a fin de comprobar la integridad e intangibilidad de las conversaciones que le han sido facilitadas. En cualquier caso, es conveniente saber que el funcionario policial que manipule dichos soportes de forma consciente, entregando al Juez una copia incompleta o manipulada del resultado de la intervención, incurriría en un delito de falsedad en documento oficial.

G) El derecho de defensa en relación a las intervenciones telefónicas

Una novedad relevante en la nueva regulación de las intervenciones de las comunicaciones, que además está dando muchos problemas en su aplicación práctica, se contiene en el artículo **588 ter i)**, que regula el acceso de las partes personadas en el procedimiento judicial a las grabaciones que contienen las intervenciones llevadas a cabo.

Conforme a la jurisprudencia anterior a la reforma, las partes tenían derecho a acceder al total contenido de las intervenciones realizadas, con la finalidad de poder ejercer el derecho de defensa, conociendo el contenido íntegro de las mismas por si de dicho contenido pudieran derivarse otras interpretaciones posibles contrarias a las sostenidas por los investigadores policiales en relación al contenido de determinadas conversaciones. Lo que se hacía en la práctica era poner a disposición de las partes una copia de la evidencia legal entregada a la autoridad judicial.

El nuevo precepto legal que ahora estudiamos dispone que, alzado el secreto (ya hemos visto que todas las medidas de investigación tecnológica tienen carácter secreto sin necesidad de que sea acordado así por el juez) y expirada la vigencia de la medida de intervención, se entregará a las partes copia de las grabaciones y de las transcripciones realizadas, que es lo mismo que exigía la jurisprudencia antes de la reforma. La novedad radica en que ahora dispone la ley que si en las grabaciones hubieran datos referidos a aspectos de la vida íntima de las personas, sólo se entregarán la grabación y transcripciones de aquellas partes que no se refieran a ellos, debiéndose hacer constar, mediante la correspondiente diligencia del letrado de la Administración de Justicia, que no se incluyen la totalidad de las grabaciones entre el material entregado las partes.

La redacción de este precepto deja mucho que desear, pero lo más grave es que su aplicación práctica está generando numerosas dificultades derivadas del hecho de que, por exigencias del propio sistema establecido para garantizar la integridad e intangibilidad de las grabaciones entregadas a la autoridad judicial, resulta sumamente complejo quitar de las copias que se entregan a las partes las conversaciones que afectan a la vida íntima de las personas. Hubiera sido deseable que desde el Ministerio del Interior se previeran los efectos que esta disposición iba a provocar para poder cumplir con la ley sin las dificultades con las que ahora nos encontramos.

Por exigencias de esta norma, y como serán los investigadores que han llevado a cabo la intervención quienes conozcan cuáles de las conversaciones intervenidas o de los mensajes interceptados contienen datos que afectan la vida íntima del investigado, deberán indicar, bien en el atestado policial, bien en el propio dispositivo digital de almacenamiento donde se contienen las copias originales que se entreguen al Juez, cuáles son las grabaciones o las partes de éstas donde se contienen esos datos íntimos, a fin de que pueda procederse a la eliminación en la copia que se entrega a las partes, siendo conveniente, a tales efectos, que conforme se lleva a cabo la intervención de las comunicaciones se vayan marcando cuáles son esas conversaciones para, posteriormente, facilitar el cumplimiento de lo que dispone la ley.

En cualquier caso, ha de aplaudirse esta disposición por cuanto su finalidad es evitar que la intervención telefónica afecte negativamente a la intimidad de las personas respecto de hechos que ninguna relevancia tienen para la investigación y cuyo conocimiento por las demás partes del procedimiento constituye, sin duda, una injerencia completamente innecesaria en la intimidad de los investigados. Siendo esta la finalidad, es evidente que cuando en el procedimiento solamente haya una parte, aquella respecto de la cual se haya acordado la intervención de sus comunicaciones, no será preciso quitar de la copia que se le entregue dichas conversaciones, pues en tal caso no es necesario preservar la intimidad frente al propio titular de dicho derecho fundamental.

El apartado segundo de este precepto es, ciertamente, confuso pues en él se indica que, una vez examinadas las grabaciones y en el plazo fijado por el juez, en atención al volumen de la información contenida en los soportes, cualquiera de las partes podrá solicitar la inclusión en las copias de aquellas comunicaciones que entienda relevantes y hayan sido excluidas. No se comprende esta previsión legal cuando en el apartado anterior se dice que ha de entregarse las partes copia íntegra de las grabaciones y de las transcripciones realizadas, salvo las que afectan a la vida íntima de las personas, que habrán tenido que ser eliminadas y que, en ningún caso, deberán ser entregadas a las partes, por mucho que estas la soliciten, salvo, lógicamente, que tengan relevancia para la causa (piénsese, por ejemplo, en la investigación de un delito de corrupción de menores, en la que la vida intima del investigado y sus tendencias sexuales pueden constituir un indicio de la comisión del delito).

La única explicación coherente de este precepto es considerar que, cuando el legislador indica que *"cualquiera de las partes podrá solicitar la inclusión de las co-*

pias de aquellas comunicaciones... "realmente ha querido decir que lo que podrán las partes solicitar es la inclusión de transcripciones que no hayan sido realizadas por los funcionarios policiales y que consideren relevantes para la causa o para el ejercicio de su derecho de defensa, siendo el juez quien decida sobre dicha solicitud.

También el apartado tercero provoca muchos problemas prácticos, puesto que su tenor literal obligaría a comunicar a todos los terceros ajenos al proceso que hayan intervenido en comunicaciones intervenidas en la causa que sus conversaciones con los investigados han sido objeto de observación; y no sólo eso, sino, además, informarles de las concretas comunicaciones en las que hayan participado, lo cual exigirá un esfuerzo inasumible para el órgano judicial a nada que la intervención telefónica haya tenido una duración media o se hayan intervenido múltiples teléfonos o líneas, pues obligaría a dedicar todos los funcionarios judiciales a realizar la comunicación que exige este precepto.

Por otro lado, en la mayoría de las ocasiones será muy difícil, por no decir imposible, identificar a los interlocutores no investigados, salvo que se solicite dicha información a las correspondientes operadoras (puesto que lo normal es que se tengan los datos del número telefónico que ha intervenido en la conversación), lo cual también supondrá un esfuerzo ímprobo para el órgano judicial, sin que se alcance a comprender qué beneficio o utilidad puede obtenerse de esta exigencia legal, que además impone la obligación de facilitar, si así lo solicita el afectado, una copia de las conversaciones en que haya intervenido, salvo que ello pudiera perjudicar el buen fin del procedimiento. La otra excepción que prevé la Ley para la entrega de copia al tercero afectado por la intervención es que se afecte el derecho a la intimidad de otras personas, pero esta prevención no tiene ningún sentido puesto que, al haber participado en la conversación, ninguna vulneración de la intimidad del otro interviniente podrá existir.

Afortunadamente, el propio artículo prevé que todas estas disposiciones relativas a los terceros intervinientes en las conversaciones intervenidas no se llevarán a cabo cuando sea imposible su cumplimiento, exija un esfuerzo desproporcionado o puedan perjudicar futuras investigaciones. Esta previsión legal hará que, en la práctica, la excepción se convierta en regla y únicamente se cumpla lo prevenido en el párrafo tercero de este artículo cuando el número de interlocutores ajenos al procedimiento sea muy pequeño y pocas las conversaciones en las que hayan intervenido dichos terceros.

H) La incorporación al proceso de datos de tráfico y asociados

La Sección 2ª de este capítulo (que cuenta, por anómalo que parezca, con un único artículo, el **588 ter j**) trata de la incorporación al proceso de datos electrónicos de tráfico o asociados, disponiendo que los datos electrónicos conservados por los prestadores de servicios o personas que faciliten la comunicación, en cumplimiento de la legislación sobre retención de datos relativos a las comunicaciones electrónicas o por propia iniciativa por motivos comerciales o de otra índole, y que se encuentren vinculados a procesos de comunicación, sólo podrán ser cedidos para su incorporación al proceso con autorización judicial.

Esta previsión parece un tanto superflua puesto que la exigencia de autorización judicial ya deriva de lo dispuesto en la ley 25/2007, de 18 de octubre, de conservación de datos relativos a las comunicaciones electrónicas y a las redes públicas de comunicaciones, así como en la ley 9/2014, de 9 de mayo, de Telecomunicaciones e, incluso, en la Ley Orgánica 15/1999 de 13 de diciembre de Protección de Datos de Carácter Personal.

El apartado segundo establece que, cuando el conocimiento de esos datos resulte indispensable para la investigación, se solicitará del juez competente autorización para recabar la información que consta en los archivos automatizados de los prestadores de servicios, incluida la búsqueda entrecruzada o inteligente de datos, siempre que se precisen la naturaleza de los datos que hayan de ser conocidos y las razones que justifican la cesión. Planteada la solicitud, el juez resolverá lo procedente, aplicando, a tal efecto, los principios generales que vimos con anterioridad y que se aplican a la totalidad de las medidas de investigación tecnológica, recogidos en el artículo 588 bis a).

No obstante, constituye una paradoja legal el hecho de que la cesión de los datos electrónicos asociados a las comunicaciones telefónicas sólo sea autorizada por la ley 25/2007, de 28 de octubre, cuando se trate del esclarecimiento de un delito grave (castigado con pena de más de cinco años de prisión) y, sin embargo, la intervención del teléfono podrá adoptarse cuando se trate de delitos castigados con penas menos graves, tal como dispone el artículo 588 ter a). Ciertamente, en ocasiones los datos de tráfico y asociados pueden dar mucha más información a los investigadores que el propio contenido de las conversaciones interceptadas, pero no parece demasiado razonable que sólo se puedan recabar esos datos para investigar delitos graves y no los delitos que permiten la intervención de una comunicación telefónica o telemática.

En mi opinión, tras la reforma de la Ley de Enjuiciamiento Criminal, habrá de realizarse una interpretación de la ley 25/2007 a la luz de las nuevas disposiciones procesales, de forma que el concepto de delito grave que usa la ley 25/2007 no puede ser el que prevé el artículo 33 del Código Penal sino que la gravedad vendrá determina en función de lo dispone el artículo 588 ter a), que ya hemos estudiado.

I) Las facultades policiales sin necesidad de intervención judicial

La sección 3ª del capítulo V regula el acceso a los datos necesarios para la identificación de usuarios, terminales y dispositivos de conectividad.

El artículo **588 ter k)** parte de la base de la plena legalidad de que la policía acceda a una dirección IP a través de la cual puedan estarse cometiendo hechos delictivos sin necesidad de solicitar para ello resolución judicial, lo cual es lógico puesto que dichas direcciones son públicas y, por lo tanto, pueden ser conocidas por cualquier persona.

Lo que sí exigirá resolución judicial motivada será el conocimiento de los datos de titularidad de dicha dirección IP así como la localización del equipo o del dispositivo de conectividad, a cuyo efecto la policía deberá presentar una solicitud motivada a la autoridad judicial.

El artículo **588 ter i)** también es una novedad de la reforma y se ha introducido en la Ley de Enjuiciamiento Criminal para poner fin a la controversia sobre si las fuerzas y cuerpos de seguridad pueden utilizar artificios técnicos que permitan acceder al conocimiento de los códigos de identificación o etiquetas técnicas de un aparato de telecomunicación o de alguno de sus componentes, tales como la numeración IMSI o IMEI, y, en general, de cualquier medio técnico que, de acuerdo con el estado de la tecnología, sea apto para identificar el equipo de comunicación utilizado o la tarjeta utilizada para acceder a la red de telecomunicaciones. La respuesta legal es positiva, como ya lo era la jurisprudencia del Tribunal Supremo que resolvió esta cuestión cuando le fue planteada en algunos recursos de casación (por ejemplo, en sentencia 249/2008, de 20 de mayo), de forma que no existe impedimento legal alguno en la utilización, por parte de la policía, de esos sistemas de averiguación de los datos técnicos necesarios para llevar a cabo una futura intervención telefónica, pues esa es la finalidad de la obtención de dichos datos, tal y como, de nuevo innecesariamente, dispone el apartado dos de este artículo, que añade, no obstante, como novedad, el que en la solicitud de intervención telefónica, la policía deberá poner en conocimiento del órgano jurisdiccional la utilización de los artificios a los que se refiere este precepto.

Finalmente, el artículo **588 ter m)** contiene también una importante novedad. Con anterioridad a la reforma, lo habitual era que las operadoras de telefonía exigieran autorización judicial para facilitar a las fuerzas de seguridad información sobre la titularidad de un determinado número de abonado o, inversamente, qué teléfonos estaban a nombre de una determinada persona.

A partir de la reforma, el artículo que estudiamos dispone expresamente que tanto el Ministerio Fiscal como la policía Judicial podrán dirigirse directamente a los prestadores de servicios de telecomunicaciones, de acceso a una red de telecomunicaciones o de servicios de la sociedad de la información para reclamarles la titularidad de un número de teléfono o de cualquier otro medio de comunicación o, en sentido inverso, precisen el número de teléfono o los datos identificativos de cualquier medio de comunicación, estando obligadas las operadoras y demás empresas prestadoras de servicios de la Sociedad de la información a cumplir el requerimiento, bajo apercibimiento de incurrir en delito de desobediencia en caso contrario.

En consecuencia, la policía podrá, directamente y sin necesidad de solicitarlos al juez, reclamar de las operadoras qué teléfonos están a nombre de una persona determinada o quién es el titular de un determinado número de teléfono, alcanzando esta facultad policial a los supuestos en los que la policía necesita conocer el número IMSI de las tarjetas que hayan sido introducidas en un determinado terminal a partir de una determinada fecha.

Este nuevo precepto legal ha superado el criterio establecido en la ley 25/2007, pues en esta norma la obtención de dichos datos estaba sometida a la previa autorización judicial mientras que en este nuevo precepto de la Ley de Enjuiciamiento Criminal la policía o el Ministerio Fiscal podrán obtener dichos datos directamente de las operadoras, sin necesidad de solicitarlos al juez. Conforme a la disposición derogatoria única de la Ley Orgánica 13/2015, las disposiciones de la ley 25/2007 que exigían autorización judicial en estos casos deben entenderse tácitamente derogadas.

4. CAPTACIÓN Y GRABACIÓN DE COMUNICACIONES ORALES MEDIANTE LA UTILIZACIÓN DE DISPOSITIVOS ELECTRÓNICOS

Como ya vimos al empezar a estudiar las nuevas medidas de investigación tecnológica, fue la sentencia del Tribunal Constitucional 145/2014 la que aceleró la reforma de la Ley de Enjuiciamiento Criminal, ante la evidencia de que España no disponía de los elementos legales necesarios para afrontar con éxito, pero con todas las garantías, la investigación del delito, haciéndose imprescindible y urgente una habilitación legal expresa que permitiera a los jueces hacer uso de los medios tecnológicos durante la instrucción de las causas. Dicha sentencia del Tribunal Constitucional, como vimos, declaró la inconstitucionalidad y, consiguientemente, la nulidad de las resoluciones judiciales que habían autorizado la intervención de las comunicaciones orales entre dos detenidos sospechosos de haber participado en un asesinato mientras estos se encontraban en los calabozos de las dependencias policiales.

Pues bien, el capítulo VI, introducido por la reforma que estudiamos, se dedica a regular la captación y grabación de comunicaciones orales mediante la utilización de dispositivos electrónicos, conteniéndose en los artículos 588 quater a) a 588 quater e) las disposiciones específicamente dedicadas a este medio de investigación. Recordemos que en el Capítulo IV se contienen las disposiciones generales aplicables a todas estas medidas tecnológicas que, lógicamente, serán igualmente de aplicación a lo que ahora desarrollaremos.

A) Contenido

Conforme al artículo **588 quater a)**, podrá autorizarse la colocación y utilización de dispositivos electrónicos que permitan la captación y grabación de las comunicaciones orales directas que se mantengan por el investigado, pudiendo dichas grabaciones realizarse en la vía pública u otro espacio abierto, así como en el propio domicilio del investigado o en cualesquiera otros lugares cerrados, indicando la ley que los dispositivos de grabación podrán colocarse tanto en el exterior como en el interior del domicilio o lugar cerrado en el que vaya a desarrollarse la conversación.

B) Presupuestos

Dispone el artículo **588 quater b)** que la utilización de los referidos dispositivos ha de estar vinculada a las comunicaciones que puedan tener lugar en uno o varios encuentros concretos del investigado con otras personas y sobre cuya previsibilidad haya indicios puestos de manifiesto por la investigación. Es decir, la ley no permite la colocación, por tiempo indefinido y con la finalidad de averiguar la totalidad de las comunicaciones, sea cuales sean estas, del investigado sino que es preciso que existan indicios derivados de los datos que ya constan en la causa de que se va a producir una conversación o varias conversaciones relevantes para el esclarecimiento de los hechos o la obtención de pruebas de su comisión, siendo en ese momento cuando habrá de solicitarse del juez la correspondiente autorización para la colocación de los micrófonos y la consiguiente grabación de las conversaciones.

Del carácter excepcional y para un caso concreto y determinado que tiene esta medida de investigación se colige que, una vez que se han producido dichas conversaciones, deberá procederse al cese de la medida, quitando, en consecuencia, los dispositivos utilizados para proceder a la grabación, salvo que la retirada de dichos dispositivos pudiera poner en riesgo el buen fin de la investigación, supuesto en el que, al menos, habrá de anularse la grabación de futuras conversaciones no amparadas en la autorización judicial. En caso de no poder llevar a cabo lo anterior, obviamente las conversaciones grabadas, no comprendidas en la resolución judicial habilitante, carecerán de valor alguno y el juez deberá acordar su completa destrucción, sin que, ni siquiera, sean oídas por los investigadores policiales, pues en caso contrario se estaría produciendo un auténtico fraude de ley que podría generar la nulidad de toda la instrucción penal.

El apartado segundo del precepto dispone que sólo podrá autorizarse esta medida de investigación cuando concurran los siguientes requisitos:

a) Que los hechos que estén siendo investigados sean constitutivos de alguno de los siguientes delitos:
   1.º Delitos dolosos castigados con pena con límite máximo de, al menos, tres años de prisión.
   2.º Delitos cometidos en el seno de un grupo u organización criminal.
   3.º Delitos de terrorismo.
b) Que pueda racionalmente preverse que la utilización de los dispositivos aportará datos esenciales y de relevancia probatoria para el esclarecimiento de los hechos y la identificación de su autor.

En consecuencia, la solicitud policial para la adopción de esta medida de investigación deberá consignar todos los datos de los que pueda desprenderse la necesidad de grabar las conversaciones que se vayan a producir, concretando el momento o momentos en que las mismas, presumiblemente, se desarrollarán, así como el lugar donde se van a llevar a cabo.

Los delitos en los que se permite la utilización de ésta medida de investigación son los mismos que ya vimos para las intervenciones telefónicas, exceptuando el último supuesto de aquellas, es decir, los delitos cometidos a través de instrumentos informáticos o de cualquier otra tecnología de la información o la comunicación o servicio de comunicación, supuesto este último en el que no procedería utilizar este medio de investigación.

C) Forma y control de la medida

Conforme al artículo **588 quater c)**, el auto judicial que autorice la medida deberá contener, además de las exigencias reguladas en el artículo 588 bis c), es decir, las que afectan y son comunes a todas las medidas de investigación tecnológica, una mención concreta al lugar o dependencias donde va a producirse la conversación a grabar, así como los encuentros del investigado que van a ser sometidos a vigilancia que, obviamente, deberán identificarse mediante la fecha y la hora en la que se van, presumiblemente, a llevar a cabo.

En el caso en que fuera necesario la entrada en el domicilio, o en alguno de los espacios destinados al ejercicio de la privacidad, por parte del sospechoso, la resolución judicial deberá de extender su motivación a la procedencia del acceso a dichos lugares, tal y como dispone el artículo 588 quater a), párrafo segundo, en cuyo caso, lógicamente, el juez deberá valorar la inevitabilidad y necesidad de afectar también a este derecho fundamental del investigado, a cuyo efecto deberá extremarse el celo en la motivación de la resolución, sobre todo en lo relativo a la existencia de indicios claros de que en dicho lugar se van a producir las conversaciones de interés para la causa, lo que exigirá, igualmente, a la policía esforzarse al máximo para poner de manifiesto a la autoridad judicial la concurrencia de los requisitos legales para la adopción de esta medida.

En cuanto al control de la medida, y en cumplimiento de lo que dispone el artículo 588 bis g), la policía judicial pondrá a disposición de la autoridad judicial el soporte original o copia electrónica auténtica de las grabaciones e imágenes que, en su caso, se hubieran obtenido, acompañándose ello de una transcripción de las conversaciones que se consideren de interés para la causa, debiendo identificar dicho informe a todos los agentes que hayan participado en la ejecución y seguimiento de la medida en cuestión.

También permite el artículo 588 quater a) que esta medida se pueda complementar con la obtención de imágenes del encuentro o reunión, pero ello únicamente podrá hacerse cuando la resolución judicial lo autorice, previo cumplimiento de las disposiciones que el capítulo siguiente al que ahora estudiamos contiene para ese otro tipo de medida de investigación, tal y como veremos a continuación.

D) Cese de la medida

Establece el artículo **588 quater e)** que esta medida cesará por alguna de las causas previstas en el artículo 588 bis j), es decir, cuando desaparezcan las circunstancias que justificaron su adopción o resulte evidente que a través de la misma no se están obteniendo los resultados pretendidos, y, en todo caso, cuando haya transcurrido el plazo para el que hubiera sido autorizada.

Lo normal es que la medida termine, como hemos dicho antes, en el momento en que se haya producido la conversación o conversaciones que justificaron su adopción, salvo que en dichas conversaciones se revelarán datos que aconsejaran mantener los micrófonos para ulteriores encuentros, supuesto en el que será necesario recabar una nueva autorización judicial, tal como expresamente dispone el artículo que ahora estudiamos, lo cual es lógico, dado el carácter excepcional de la medida, exclusivamente acotada, como ya vimos, a un o unos determinados encuentros del sospechoso investigado, estando vedada la instalación indefinida de micrófonos para grabar indiscriminadamente todas sus conversaciones.

5. UTILIZACIÓN DE DISPOSITIVOS TÉCNICOS DE CAPTACIÓN DE LA IMAGEN, DE SEGUIMIENTO Y DE LOCALIZACIÓN

Tampoco preveía la Ley de Enjuiciamiento Criminal el uso de este tipo de medidas de investigación. La única previsión legal en materia de utilización de videocámaras por parte de las fuerzas y cuerpos de seguridad se contenía en la Ley Orgánica 4/97 de 4 de agosto, por la que se regula la utilización de videocámaras por las Fuerzas y Cuerpos de Seguridad en lugares públicos, que era manifiestamente insuficiente para constituir una habilitación legal para el uso de estos medios durante la instrucción de una causa penal.

Se regulan estas medidas en el capítulo VII, artículos 588 quinquies a) a 588 quinquies c).

A) La utilización de dispositivos de captación de imagen

El artículo **588 quinquies a)** contiene la habilitación legal para que la policía judicial pueda obtener y grabar, por cualquier medio técnico, imágenes de la persona investigada cuando ésta se encuentre en un lugar o espacio público, y ello sin necesidad de autorización judicial, precisamente por el lugar público en el que se desarrolla la grabación.

Si la obtención de imágenes del investigado debe realizarse en el interior de su domicilio, o en otro lugar en el que aquél realice labores o tareas que afectan a su privacidad, será necesaria, lógicamente, la correspondiente autorización judicial, siendo, en este caso, de aplicación las previsiones que hemos visto respecto de la grabación de las comunicaciones orales del investigado y, en su caso, las que habilitan para la entrada y registro del domicilio (artículos 545 y siguientes de la Ley de Enjuiciamiento Criminal).

Conforme al párrafo segundo del artículo 588 quinquies a), la captación de las imágenes en lugares públicos podrá ser llevada a cabo aun cuando afecte a personas diferentes del investigado, siempre que, de otro modo, se reduzca de forma relevante la utilidad de la vigilancia o existan indicios fundados de la relación de dichas personas con el investigado y los hechos objeto de la investigación.

Es importante saber que no solamente se necesita autorización judicial para captar, mediante dispositivos técnicos, la imagen del investigado en el interior de su domicilio, sino que el mero uso de dispositivos de ampliación de la imagen, como unos simples prismáticos, exigirá la autorización judicial cuando dicha injerencia afecte al domicilio del investigado. Así lo ha establecido con claridad la reciente sentencia del Tribunal Supremo 20 de abril de 2016, Sala Segunda, de lo Penal, Sentencia 329/2016, que anuló la prueba consistente en el visionado, por parte de unos funcionarios policiales, del interior del domicilio del sospechoso, situado en la 10ª planta de un edificio, habiendo realizado la vigilancia los policías desde la vivienda de uno de ellos, situada enfrente de la del investigado, utilizando a tal efecto unos prismáticos que les permitieron comprobar una venta de drogas que se desarrollaba en el interior de la vivienda. La Audiencia Provincial consideró válida dicha observación al entender que la vigilancia de ese modo realizada no precisaba de una orden judicial argumentando, en ese sentido, que: «*... no ha existido intromisión ilegítima en el ámbito de la intimidad, pues "... la observación del interior de la morada se produce a través de aquello que los moradores han permitido ver a través de la ventana...*».

Pues bien, la mencionada sentencia del Tribunal Supremo anula dicha prueba, declarando que no puede aceptarse la teoría de los actos propios de dejación del derecho a la intimidad y a la inviolabilidad del domicilio y afirmando que "*no puede aceptarse que el derecho a la intimidad en el domicilio reconocido en el artículo 18 de la Constitución quede al albur del uso, por parte de la policía, de medios técnicos que, sin irrumpir materialmente en el domicilio, lo hacen de forma virtual... La tutela constitucional del derecho proclamado en el apartado 2 del artículo 18 de la Constitución protege, tanto frente la irrupción inconsentida del intruso en el escenario doméstico, como respecto de la observación clandestina de lo que acontece en su interior, si para ello es preciso valerse de un artilugio técnico de grabación o aproximación de las imágenes. El Estado no puede adentrarse sin autorización judicial en el espacio de exclusión que cada ciudadano dibuja frente a terceros, pues lo proscribe el artículo 18.2 CE. Y se vulnera esa prohibición cuando, sin autorización judicial y para sortear los obstáculos propios de la tarea de fiscalización, se recurre a un utensilio óptico que permite ampliar las imágenes y salvar la distancia entre el observante y lo observado*». Y añade el Tribunal Supremo: «*... cuando los agentes utilizan instrumentos ópticos que convierten la lejanía en proximidad, no puede ser neutralizada con el argumento de que el propio morador no ha colocado obstáculos que impidan la visión exterior. El domicilio, como recinto constitucionalmente protegido, no deja de ser domicilio cuando las cortinas no se hallan debidamente cerradas. La expectativa de intimidad, en fin, no desaparece por el hecho de que el titular o usuario de la vivienda no refuerce los elementos de exclusión asociados a cualquier inmueble. Interpretar que unas persianas no bajadas o unas cortinas no corridas por el morador transmiten una autorización implícita para la observación del interior del inmueble, encierra el riesgo de debilitar de forma irreparable el contenido material del derecho a la inviolabilidad domiciliaria...*». Finalmente, el Tribunal Supremo también hace referencia a la expresa prohibición que establece la Ley Orgánica 4/1997, que regula la utilización de videocámaras por las fuerzas y cuerpos de seguridad en lugares públicos, cuyo artículo 6.5 dispone que: «*no se podrán utilizar videocámaras para tomar imágenes ni sonidos del interior de las viviendas, ni de sus vestíbulos, salvo consentimiento del titular o autorización judicial (...), ni de los lugares incluidos en el artículo 1 de esta Ley cuando se afecte de forma directa y grave a la intimidad de las* *personas, así como tampoco para grabar conversaciones de naturaleza estrictamente privada. Las imágenes y sonidos obtenidos accidentalmente en estos casos deberán ser destruidas inmediatamente, por quien tenga la responsabilidad de su custodia».*

Ahora bien, no puede olvidarse que la razón última de que el Tribunal Supremo anule la diligencia policial y las pruebas que de ella derivan en este caso es la utilización, por parte de la policía, de aparatos de aumento del imagen sin autorización judicial. Así se desprende de las siguientes afirmaciones que se contienen en la sentencia: «*... la tutela constitucional del derecho proclamado en el apartado 2 del artículo 18 CE protege, tanto frente la irrupción inconsentida del intruso en el escenario doméstico, como respecto de la observación clandestina de lo que acontece en su interior, si para ello es preciso valerse de un artilugio técnico de grabación o aproximación de las imágenes... /... se vulnera esa prohibición cuando, sin autorización judicial, y para sortear los obstáculos propios de la tarea de fiscalización, se recurre a un utensilio óptico que permite ampliar las imágenes y salvar la distancia entre el observante y lo observado*». Esta doctrina permite cohonestar la decisión tomada por el Tribunal Supremo en este caso con la que, en las sentencias de 15 de abril de 1997 y 18 febrero 1999, justificaban la intromisión virtual por parte de la policía, cuando esta fuera posible ante la ausencia de obstáculos físicos (ventanas, cortinas o similares) que la impidieran, siempre que no se utilizarán medios para aumentar la visibilidad y la vivienda o domicilio se encontrara al alcance de la mirada de cualquier persona, en cuyo caso el Tribunal Supremo admitió la validez de la actuación policial consistente en la observación de lo que acontecía dentro de aquella.

B) Utilización de dispositivos o medios técnicos de seguimiento y localización

Hasta la reforma, la utilización, por parte de las fuerzas de seguridad, de este tipo dispositivos carecía regulación alguna y, cuando se utilizaban, habitualmente no se solicitaba ningún tipo de autorización judicial.

La reforma pone fin a este vacío legal, estableciendo el artículo **588 quinquies b)** que será necesaria la autorización judicial para utilizar este tipo de dispositivos, siempre que concurran acreditadas razones de necesidad y la medida resulte proporcionada. A diferencia de otras medidas, no dispone la ley respecto de qué delitos puede ser usado este medio de investigación y control del investigado, lo que hará que sea el juez, en cada caso, quien valore la proporcionalidad de la medida, fundamentalmente en atención a la gravedad del delito y la necesidad de utilizarla ante la ausencia de otros medios menos restrictivos de los derechos fundamentales del investigado.

En la resolución judicial en la que se autorice la utilización de estos dispositivos deberá especificarse qué medio técnico va ser empleado, previéndose que todos los prestadores de servicios de telecomunicaciones, de acceso a una red de telecomunicaciones o de servicios de la sociedad de la información, así como toda persona que de cualquier modo contribuya a facilitar las comunicaciones a través del teléfono o de cualquier otro medio o sistema de comunicación telemática, lógica o virtual, están obligados a prestar al Juez, al Ministerio Fiscal y a los agentes de la policía Judicial la asistencia y colaboración precisas para facilitar el cumplimiento de los autos por los que se ordene el seguimiento, bajo apercibimiento de incurrir en delito de desobediencia.

A la vista de este precepto, es evidente que el legislador estaba pensando en la utilización no sólo de balizas de posicionamiento, que se colocan habitualmente en el vehículo del sospechoso, sino también en los sistemas de ubicación que habitualmente tienen los teléfonos inteligentes y otros dispositivos informáticos, siempre y cuando la utilización de dichos sistemas no comporte la intervención, propiamente dicha, de las comunicaciones (ya hemos visto que uno de los contenidos propios de la intervención de las telecomunicaciones es el geoposicionamiento de los móviles del investigado mediante el suministro de los datos de los repetidores utilizados en las llamadas que emite y recibe el teléfono), pues en tal caso no estaremos hablando de este medio de investigación que ahora tratamos sino de una auténtica intervención telefónica, regulada, como hemos visto, en capítulo diferente y sobre la base de unos presupuestos, requisitos y forma de ejecución distintas.

De forma similar a lo que ocurre con las intervenciones telefónicas, el párrafo cuarto del artículo 588 quinquies b) autoriza a la policía judicial a proceder a la colocación de este tipo dispositivos, dando cuenta a la mayor brevedad posible y, en todo caso, en el plazo máximo de 24 horas, a la autoridad judicial, quien podrá ratificar la medida o acordar su inmediato cese en dicho plazo. Esta habilitación policial únicamente cabrá cuando concurran razones de urgencia que hagan razonablemente temer que, de no colocarse inmediatamente el dispositivo o medio técnico de seguimiento y localización, se frustraría la investigación. En consecuencia, en el oficio comunicando al Juez el uso de estos medios sin previa autorización judicial deberán explicarse pormenorizadamente qué circunstancias de urgencia y que indicios existían para hacer imprescindible el uso inmediato del medio de seguimiento, de forma que si el juez no considera procedente dicho uso, los datos o informaciones obtenidas a partir del dispositivo colocado carecerán de efectos en el proceso.

C) Duración

La medida de utilización de dispositivos técnicos de seguimiento y localización no podrá durar más allá de tres meses, contados a partir de la fecha de su autorización, si bien, de forma excepcional, podrá ampliarse o prorrogarse el uso de dicha medida por el juez hasta un máximo de 18 meses, si así estuviera justificado a la vista de los resultados obtenidos hasta se momento. Así lo establece expresamente el artículo **588 quinquies c)** de la Ley de Enjuiciamiento Criminal.

Como ocurre con el resto de las medidas de investigación, la policía judicial deberá entregar al Juez los soportes originales, o copias electrónicas auténticas, que contenga la información recogida, en los términos y plazos que la propia resolución judicial habilitante disponga y, en todo caso, cuando terminen las investigaciones, debiéndose custodiar correctamente la información obtenida a través de sus dispositivos para evitar su utilización, previsión esta que se contiene en el párrafo tercero del artículo 588 quinquies c) y que debería haberse ubicado, no en este lugar, si no en las disposiciones generales que afectan a todas las medidas de investigación tecnológica por cuanto, como es evidente, ese deber de custodia de la información obtenida mediante estos medios ha de predicarse de todos ellos y no solamente de los dispositivos de seguimiento y localización.

6. REGISTRO DE DISPOSITIVOS DE ALMACENAMIENTO MASIVO DE INFORMACIÓN

A) Presupuestos

En el capítulo VIII se regula por primera vez en nuestra legislación procesal el registro de los dispositivos de almacenamiento masivo de información, que la ley equipara, en su artículo **588 sexies a)**, a los ordenadores, instrumentos de comunicación telefónica o telemática o dispositivos de almacenamiento masivo de información digital así como los repositorio telemáticos de datos (la conocida como "nube" o "cloud computing"). Es de todos conocido que los llamados teléfonos inteligentes, además de las tareas comunicativas, constituyen verdaderos dispositivos de almacenamiento de todo tipo de información, la mayoría de la cual afecta directamente al derecho a la intimidad del usuario.

Como quiera que el acceso a dichos dispositivos de almacenamiento constituye, claramente, una injerencia en la intimidad del usuario o titular de dichos dispositivos, la ley exige la previa autorización judicial para llevar a cabo dicho acceso, aclarando en el artículo 588 sexies a) que la simple incautación de cualesquiera de los dispositivos mencionados, practicada durante el transcurso de la diligencia de registro domiciliario, no legitima el acceso a su contenido, siendo necesario que el acceso sea expresamente autorizado por el juez, bien en la resolución judicial en la que se autorice la entrada y registro, bien con posterioridad a la intervención, en cualquier lugar, de dichos dispositivos. En el primer caso, dispone el artículo 588 sexies a), párrafo primero, que la resolución judicial habilitante para la entrada y registro deberá extender su razonamiento, de forma separada a la que justifica el acceso a la vivienda, a motivar también el acceso a la información contenida en tales dispositivos.

Como consecuencia de lo anterior, cuando la entrada y registro sea solicitada por la policía y los investigadores tengan motivos para pensar que en el interior del domicilio puedan encontrarse este tipo dispositivos, y su análisis sea necesario para la investigación, deberán motivar en la solicitud dicha necesidad de acceder al contenido de los positivos para obtener pruebas o indicios relevantes para la causa.

De forma un tanto innecesaria, el artículo **588 sexies b)** establece que la autorización judicial será también aplicable a aquellos casos en los que los dispositivos de almacenamiento masivo de datos se hubieran aprendido con independencia de un registro domiciliario, en cuyo supuesto ya hemos dicho que también resulta necesaria la previa autorización judicial para acceder a su contenido.

Tampoco respecto de este medio de investigación establece la Ley de Enjuiciamiento Criminal en qué delitos es susceptible de ser utilizado. Será, nuevamente, la autoridad judicial quien, con pleno respeto, lógicamente, a los principios generales recogidos en el artículo 588 bis a) valore si procede, o no, acceder a dichos dispositivos del investigado o, incluso, de terceras personas, siempre que concurran los requisitos que, para la afectación de terceros por este tipo de medidas de investigación, contiene el artículo 588 ter c), que entiendo aplicable por analogía al presente supuesto, pues ningún sentido tendría que pudiera intervenirse el teléfono de un tercero ajeno a los hechos que se ha utilizado, sin su consentimiento, por el investigado, pero no pudiera accederse a los datos contenidos en dicho teléfono en idéntica situación de uso inconsentido por parte del delincuente.

Otra cosa importante que conviene saber es que, como quiera que el derecho fundamental afectado por esta medida de investigación es el derecho a la intimidad, el titular de dicho derecho puede autorizar válidamente su afectación, pero siempre será necesario que el consentimiento se preste con las debidas garantías, de forma que si la persona a la que afecta la medida se encuentra detenida o los funcionarios policiales conocen que la detención se va a producir de forma inmediata, dicho consentimiento deberá ser prestado, siempre, en presencia y previo asesoramiento suficiente por su abogado de las consecuencias posibles de dicha injerencia y de su derecho a negarse a la misma, debiendo documentarse de forma clara en el atestado policial dicho consentimiento y la forma en que se ha dado.

B) Forma y modalidades

Dispone el artículo **588 sexies c)** que la resolución del juez de instrucción en la que se autorice el acceso a la información contenida en los dispositivos de almacenamiento masivo de datos fijará los términos y alcance del registro y podrá autorizar la realización de copias de los datos informáticos, fijando también las condiciones necesarias para asegurar la integridad de los datos y las garantías de su preservación para hacer posible, en su caso, la práctica de un dictamen pericial.

Conforme este precepto, será el juez quien, y en tal sentido es conveniente dejar constancia de que, tanto el Tribunal Supremo como la Comisión Nacional de Policía Judicial han establecido que no se hace necesaria la presencia del secretario judicial (actualmente, letrado de la Administración de Justicia) en las tareas de volcado y copiado de la información contenida en el dispositivo, pues dado el carácter eminentemente técnico de dichas labores, la presencia del fedatario público nada añade a la diligencia. Lamentablemente, el legislador ha desaprovechado la ocasión para aclarar una cuestión que, habitualmente, se plantea en los juzgados de instrucción, cual es si es necesario que las partes o sus representantes procesales estén presentes en dicha diligencia de volcado y copiado, por lo que será cada órgano judicial quien determine si da la posibilidad a las partes de estar presentes en dicha diligencia.

Lo que sí es importante es que en el informe policial donde se recoja las tareas de volcado, copiado y análisis del contenido de la información se haga expresa constancia del software o sistemas utilizados para copiar la información en otro dispositivo de forma que se garantice la autenticidad e integridad de la copia.

Lógicamente, cuando se trate de dispositivos que no permiten el regrabado de la información, no será necesaria la realización de esa copia para la práctica de los análisis correspondientes pues el carácter irregrabable del soporte hace innecesaria dicha cautela.

El párrafo segundo del precepto que estudiamos determina que, salvo que constituyan el objeto o instrumento del delito o existan otras razones que lo justifiquen, se evitará la incautación de los soportes físicos que contenga los datos o archivos informáticos, cuando ello pueda causar un grave perjuicio a su titular o propietario y sea posible la obtención de la copia de ellos en condiciones que garanticen la autenticidad e integridad de los datos. No obstante ser esta la regla general, el tamaño y volumen de la información que, normalmente, contienen este tipo dispositivos hará, en muchas ocasiones, imposible no intervenir los mismos, so pena de que la diligencia de volcado y copia de los dispositivos durante la intervención se demore excesivamente en el tiempo.

C) Extensión del registro de datos

El artículo 588 sexies c) párrafo tercero regula los supuestos en los que, en el curso de un registro de un dispositivo o sistema de almacenamiento de datos, se obtengan evidencias de que los datos que se están buscando se encuentren en otro lugar de almacenamiento distinto (bien otro dispositivo, bien otro sistema). En tales casos, este precepto autoriza a los funcionarios policiales a acceder a ese nuevo sistema o parte de él, siempre y cuando los datos sean lícitamente accesibles a través del sistema inicial o estén disponibles para éste. Utilizando un símil, lo que permite el artículo es acceder a cualesquiera dependencias de una vivienda respecto de la cual el juez haya autorizado la entrada y registro, aunque dichas dependencias no estén en la misma vivienda para la que existe autorización judicial, siempre que dichas dependencias estén comunicadas con la inicial, por ejemplo porque sus moradores hayan abierto un agujero en la pared para permitir el acceso a la vivienda de al lado. En tal caso, la policía podrá acceder a esa nueva vivienda, pero lo que no podrá hacer es abrir ella misma el agujero en la pared para entrar en ella.

El acceso a ese otro sistema deberá, por regla general, ser autorizado expresamente por el juez, salvo que éste, en la resolución que autorice el registro inicial, ya indique que podrán registrarse los otros sistemas comunicados con el primero. Pero, incluso cuando el juez no lo haya autorizado previamente, dispone el precepto que la policía o el fiscal podrán llevarlo a cabo, informando al juez inmediatamente, y en todo caso dentro del plazo máximo de veinticuatro horas, de la actuación realizada, la forma en que se ha efectuado y su resultado. El juez competente, también de forma motivada, revocará o confirmará tal actuación en un plazo máximo de setenta y dos horas desde que fue ordenada la interceptación.

D) Forma y modalidades

Siguiendo una consolidada jurisprudencia del Tribunal Constitucional, el apartado cuarto del artículo que estudiamos permite que la policía judicial, en los casos de urgencia en que se aprecie un interés constitucionalmente legítimo que haga imprescindible la medida que ahora estudiamos, pueda llevar a cabo el examen directo de los datos contenidos en el dispositivo incautado, comunicándolo inmediatamente, y en todo caso dentro del plazo máximo de veinticuatro horas, por escrito motivado, al juez competente, haciendo constar las razones que justificaron la adopción de la medida, la actuación realizada, la forma en que se ha efectuado y su resultado. El juez competente, también de forma motivada, revocará o confirmará tal actuación en un plazo máximo de 72 horas desde que fue ordenada la medida.

Nuevamente, el legislador no explica a qué se refiere con la expresión "fines constitucionalmente legítimos" (entiendo que existe una errata en el texto publicado en el BOE, porque la expresión usada por el Tribunal Constitucional para justificar estos accesos sin previa resolución judicial utiliza la terminología que indico, no la que consta en el texto publicado), por lo que será la jurisprudencia la que determine el alcance de dichas expresión. El Tribunal Constitucional ha aceptado el examen del contenido de un teléfono móvil o de un ordenador sin previa autorización judicial en los casos en los que el análisis del dispositivo es urgente para evitar la consumación de un delito grave, o sea necesario conocer el contenido del dispositivo para salvaguardar la vida o la integridad física de una persona, debiendo existir, en todo caso, claros indicios de criminalidad contra la persona usuaria del dispositivo analizado.

E) Ámbito subjetivo del deber de colaboración

Finalmente, el apartado quinto trata, como en otros artículos, del deber de colaboración de terceras personas en la práctica de la diligencias, indicando que las autoridades y agentes encargados de la investigación podrán ordenar a cualquier persona que conozca el funcionamiento del sistema informático o las medidas aplicadas para proteger los datos informáticos contenidos en el mismo que facilite la información que resulte necesaria, siempre que de ello no derive una carga desproporcionada para el afectado, bajo apercibimiento de incurrir en delito de desobediencia.

No obstante, aclara expresamente la ley que *"esta disposición no será aplicable al investigado o encausado, a las personas que están dispensadas de la obligación de declarar por razón de parentesco y a aquellas que, de conformidad con el artículo 416.2, no pueden declarar en virtud del secreto profesional"*. Este precepto tiene suma importancia porque parece que positiviza en nuestro ordenamiento jurídico el derecho del investigado a no colaborar en las diligencias policiales y judiciales de investigación que le puedan afectar, derecho no recogido en el artículo 24 de la Constitución ni tampoco admitido, por regla general, en nuestra jurisprudencia. Habrá que esperar a ver cómo se interpreta esta nueva norma por el Tribunal Supremo y el Tribunal Constitucional para ver el alcance real que haya de darse a la misma.

7. REGISTROS REMOTOS SOBRE EQUIPOS INFORMÁTICOS

El registro remoto de equipos informáticos es otra de las novedades más relevantes de la reforma de la ley de Enjuiciamiento Criminal, si bien fueron superiores las expectativas que generó su inclusión en los proyectos de modificación previos a la promulgación de la reforma que la redacción finalmente aprobada por el parlamento.

Dispone el artículo **588 septies a)** que el juez competente podrá autorizar la utilización de datos de identificación y códigos, así como la instalación de un software, que permitan, de forma remota y telemática, el examen a distancia, y sin conocimiento de su titular o usuario, del contenido de un ordenador, dispositivo electrónico, sistema informático, instrumento de almacenamiento masivo de datos informáticos o base de datos.

Como se ve, la redacción legal únicamente permite el acceso a un ordenador o dispositivo informático mediante la utilización de datos de identificación y códigos (usuario y contraseña de sistema informático al que se trata de acceder, por ejemplo), o bien mediante la instalación de algún programa informático especialmente diseñado para acceder al contenido de ese dispositivo informático, en ambos casos lógicamente de forma subrepticia, pero no parece que la redacción que se ha dado al precepto permita realizar un seguimiento permanente de las actividades que realice el investigado a través de ese dispositivo informático al que se ha accedido remotamente, pues el legislador lo único que permite en este precepto es el examen del contenido de un ordenador, pero no el seguimiento o rastreo de la actividad que el usuario de dicho dispositivo pueda realizar con el mismo. De esta manera, existen dudas más que razonables de que el precepto permita, por ejemplo, la introducción de un "keylogger" para rastrear la información que se introduce a través del teclado por el usuario del dispositivo; o utilizar otro software que permita, en directo, visionar lo que está ocurriendo en el ordenador afectado por la medida. Será, nuevamente, la jurisprudencia del Tribunal Supremo la que determine el alcance que pueda darse a esta nueva medida de investigación, pero, mientras tanto, la interpretación que aquí se mantiene parece la más acorde con la literalidad del precepto y la regulación que, de esta medida, se contiene en los siguientes artículos.

A) Presupuestos

Esta medida, gravemente invasiva del derecho a la intimidad del investigado, no puede adoptarse en cualquier procedimiento sino sólo en aquellos que tengan por objeto los delitos expresamente indicados en el artículo que ahora estudiamos y que son los siguientes:

a) Delitos cometidos en el seno de organizaciones criminales.
b) Delitos de terrorismo.
c) Delitos cometidos contra menores o personas con capacidad modificada judicialmente.
d) Delitos contra la Constitución, de traición y relativos a la defensa nacional.
e) Delitos cometidos a través de instrumentos informáticos o de cualquier otra tecnología de la información o la telecomunicación o servicio de comunicación.

En relación a los delitos cometidos en el seno de organizaciones criminales así como aquellos cometidos a través de instrumentos informáticos o de cualquier otra tecnología de la información o la telecomunicación o servicio de comunicación, nos remitimos a lo indicado con anterioridad respecto de las dudas que la redacción elegida por el legislador puede generar en la interpretación de este precepto.

B) Forma

Únicamente mediante resolución judicial debidamente motivada podrá utilizarse este medio de investigación, estableciendo el párrafo segundo del artículo cuál es el contenido que, imperativamente, debe tener la resolución judicial habilitante. De esta manera, dicha resolución deberá especificar:

a) Los ordenadores, dispositivos electrónicos, sistemas informáticos o parte de los mismos, medios informáticos de almacenamiento de datos o bases de datos, datos u otros contenidos digitales objeto de la medida.
b) El alcance de la misma, la forma en la que se procederá al acceso y aprehensión de los datos o archivos informáticos relevantes para la causa y el software mediante el que se ejecutará el control de la información.
c) Los agentes autorizados para la ejecución de la medida.
d) La autorización, en su caso, para la realización y conservación de copias de los datos informáticos.
e) Las medidas precisas para la preservación de la integridad de los datos almacenados, así como para la inaccesibilidad o supresión de dichos datos del sistema informático al que se ha tenido acceso.

Lógicamente, todos estos datos, de carácter eminentemente técnico, deberán ser facilitados al Juez por la policía que solicita la medida, quien deberá expresar con suficiente claridad todos estos extremos así como, obviamente, los hechos que fundamentan dicha petición y que servirán al juez para valorar la concurrencia de los requisitos generales previstos en el artículo 588 bis a).

Tal y como hemos visto respecto de la diligencia de registro de dispositivos de almacenamiento masivo de la información, previene el apartado tercero del artículo 588 septies a) que, cuando los agentes que llevan a cabo el registro remoto tengan razones para creer que los datos buscados están almacenados en otro sistema informático o en una parte del mismo, pondrán este hecho en conocimiento del juez, quien podrá autorizar una ampliación de los términos del registro. Nótese que, a diferencia de lo que ocurre respecto del registro de dispositivos de almacenamiento masivo de la información, el acceso a esos otros sistemas informáticos o partes del mismo en el que puede encontrarse información relevante por los agentes facultados no podrá hacerse, en ningún caso, directamente por estos, siendo siempre necesaria la previa autorización judicial. El diferente tratamiento de unas materias tan similares no parece tener una justificación clara y, desde luego, el legislador no la explica en la exposición de motivos. En cualquier caso y como es evidente, habrá de cumplirse con la disposición y, en consecuencia, ni siquiera en casos de urgencia la policía podrá ir más allá de la autorización judicial habilitante, siendo siempre necesario acudir al juez para que sea éste quien resuelva lo procedente.

El artículo **588 septies b)** reitera el deber de cualesquiera personas, físicas o jurídicas, de colaborar con los funcionarios policiales para llevar a cabo la medida, accediendo al sistema informático afectado, debiendo, igualmente, facilitar la asistencia necesaria para que los datos e información recogidos puedan ser objeto de examen y visualización. A tales efectos, deberá remitírseles el correspondiente oficio judicial donde se especificará el dispositivo o sistema afectado por la medida y cuál es la colaboración que se requiere, a fin de que los obligados puedan prestarla en debida forma.

El deber de colaboración alcanza, incluso, a personas que, no siendo los titulares o responsables de sistema informático o base de datos objeto del registro, conozcan el funcionamiento del sistema informático o las medidas aplicadas para proteger los datos informáticos contenidos en el mismo, debiendo dichas personas facilitar la información que resulte necesaria para el buen fin de la diligencia.

Como ocurre respecto del registro de dispositivos de almacenamiento masivo de información, ese deber de colaboración no será aplicable al investigado o encausado, a las personas que están dispensadas de la obligación de declarar por razón de parentesco y aquellas que, de conformidad con el artículo 416.2, no puedan declarar en virtud de secreto profesional.

Reitera la ley en este precepto que los sujetos requeridos para prestar colaboración tendrán la obligación de guardar secreto acerca de las actuaciones requeridas por las autoridades y aunque la ley guarde silencio respecto de las consecuencias del quebrantamiento de dicho deber, parece claro que cometerán un delito de revelación de secretos o, en su caso, de desobediencia, delito éste último que igualmente cometerán las personas mencionadas en el precepto en caso de negativa injustificada a prestar la colaboración requerida por la autoridad judicial a través de la policía.

C) Duración

El artículo **588 septies c)** regula la duración de esta medida de investigación, que es restringida por el legislador a un plazo inicial máximo de un mes, pudiendo prorrogarse por iguales periodos, hasta un máximo de tres meses.

Como ya hemos dicho con anterioridad, si bien el plazo inicial máximo no podrá ser superior al mes, las sucesivas prórrogas no tendrán que ser necesariamente por esa duración, hasta el máximo legal de tres meses, pudiendo el juez autorizar dichas pruebas por tiempo inferior, todo ello función de las circunstancias conforme a las que se vaya desarrollando la diligencia.

8. ORDEN DE CONSERVACIÓN DE DATOS

El artículo 16 del Convenio de Budapest de 2001, cuyo instrumento de ratificación fue publicado en el Boletín Oficial del Estado del 17 de septiembre de 2010, bajo el epígrafe "Conservación rápida de datos informáticos almacenados" autoriza a los estados contratantes para adoptar las medidas legislativas y de otro tipo que resulten necesarias para permitir a sus autoridades imponer la conservación rápida de determinados datos electrónicos, incluidos los datos de tráfico, almacenados por medio de un sistema informático. El convenio fija un plazo de 90 días, si bien autoriza a las partes para prever un plazo en virtud del cual tales órdenes sean renovables.

Trasponiendo dicha norma internacional a nuestra ley procesal, el artículo **588 octies** dispone que el Ministerio Fiscal o la Policía Judicial podrán requerir a cualquier persona, física o jurídica, la conservación y protección de datos o informaciones concretas incluidas en un sistema informático de almacenamiento que se encuentren a su disposición, hasta que se obtenga la autorización judicial correspondiente para su cesión con arreglo a lo dispuesto en los artículos precedentes. Los datos se conservarán durante un periodo máximo de noventa días, prorrogable una sola vez hasta que se autorice la cesión o se cumplan ciento ochenta días. El requerido vendrá obligado a prestar su colaboración y a guardar secreto del desarrollo de esta diligencia, quedando sujeto a la responsabilidad descrita en el apartado·3 del artículo 588 ter e.

Nada dice la ley sobre las consecuencias del incumplimiento de este deber de conservación de datos, pero parece evidente que el destinatario de la orden de conservación que incumpla voluntaria e intencionadamente dicha orden, borrando los datos afectados por la misma o no conservando dichos datos conforme se vayan produciendo, incurrirá en un delito de desobediencia grave a la autoridad previsto en el artículo 556 del Código Penal. No obstante, hubiera sido deseable, para evitar dudas interpretativas, que legislador lo hubiera previsto expresamente, tal y como lo ha hecho en los anteriores artículos que hemos visto.

EL NUEVO ESTATUTO DE LA VÍCTIMA DEL DELITO

Ya se indicó que dicho estatuto se ha introducido en el ordenamiento jurídico español a través de la Ley 4/2015. La amplitud del Estatuto hace necesario que en el presente temario únicamente se recoja un resumen de las disposiciones más importantes en materia de protección a las víctimas del delito.

— Disposiciones generales

El Título Preliminar recoge un catálogo general de derechos comunes a todas las víctimas, que se va desarrollando posteriormente a lo largo del articulado y que se refiere tanto a los servicios de apoyo como a los de justicia reparadora que se establezcan legalmente, y a las actuaciones a lo largo del proceso penal en todas sus fases -incluidas las primeras diligencias y la ejecución-, con independencia del resultado del proceso penal. En ese catálogo general, se recogen, entre otros, el derecho a la información, a la protección y al apoyo en todo caso, el derecho a participar activamente en el proceso penal, el derecho al reconocimiento como tal víctima y el derecho a un trato respetuoso, profesional, individualizado y no discriminatorio.

— Derechos básicos

El título I reconoce una serie de derechos extraprocesales, también comunes a todas las víctimas, con independencia de que sean parte en un proceso penal o hayan decidido o no ejercer algún tipo de acción, e incluso con anterioridad a la iniciación del proceso penal.

Resulta novedoso que toda víctima, en aras a facilitar que se encuentre arropada desde el punto de vista personal, pueda hacerse acompañar por la persona que designe, sin perjuicio de la intervención de abogado cuando proceda, en sus diligencias y trato con las autoridades. Ello quiere decir que en las dependencias policiales, la víctima podrá estar acompañada de una persona de su confianza si bien, lógicamente, dicha persona no podrá tener intervención alguna en la declaración, haciéndosele saber así en el momento en que interrumpa la misma o altere de alguna manera la espontaneidad de la declaración de la víctima, pudiendo el funcionario policial, en caso estrictamente necesario, acordar que el acompañante de la víctima abandone la dependencia si la actitud de dicho acompañante obstaculiza la práctica de la diligencia, haciendo constar, en todo caso, en el atestado esta incidencia.

En este Título I se regula el derecho a obtener información de toda autoridad o funcionario al que se acuda, con lenguaje sencillo y accesible, desde el primer contacto. Esa información, que deberá ser detallada y sucesivamente actualizada, debe orientar e informar sobre los derechos que asisten a la víctima en cuestiones tales como: medidas de apoyo disponibles; modo de ejercicio de su derecho a denunciar; modo y condiciones de protección, del asesoramiento jurídico y de la defensa jurídica; indemnizaciones, interpretación y traducción; medidas de efectividad de sus intereses si residen en distinto país de la Unión Europea; procedimiento de denuncia por inactividad de la autoridad competente; datos de contacto para comunicaciones; servicios disponibles de justicia reparadora; y el modo de reembolso de gastos judiciales.

Se regula específicamente el derecho de la víctima como denunciante y, en particular, su derecho a obtener una copia de la denuncia, debidamente certificada, asistencia lingüística gratuita a la víctima que desee interponer denuncia y traducción gratuita de la copia de la denuncia presentada.

Asimismo, con independencia del derecho a personarse en el proceso penal, se reconoce el derecho de la víctima a recibir información sobre ciertos hitos de la causa penal. Esta obligación, obviamente, corresponde a los funcionarios judiciales, no a los funcionarios policiales, quienes, no obstante, y respecto de las diligencias policiales, deberán garantizar el respeto a los derechos que se reconocen en el nuevo Estatuto de la víctima. Esta información se facilitará a la víctima que lo solicite expresamente, a cuyo efecto será interrogada por el funcionario judicial, preferentemente a través del correo electrónico, para lo cual habrá de indicar uno en su primera comparecencia, siendo igualmente conveniente que ya en la misma denuncia ante la policía facilite su dirección telemática. Si la víctima no tiene correo electrónico, las comunicaciones se efectuarán mediante correo ordinario.

El Estatuto determina qué resoluciones deben ser notificadas, en todo caso, a las víctimas que soliciten estar informadas del curso del proceso. Dichas resoluciones son:

a) Fecha, hora y lugar del juicio, así como el contenido de la acusación dirigida contra el infractor.
b) La resolución por la que se acuerde no iniciar el procedimiento penal.
c) La sentencia que ponga fin al procedimiento.

d) Las resoluciones que acuerden la prisión o la posterior puesta en libertad del infractor, así como la posible fuga del mismo.
e) Las resoluciones que acuerden la adopción de medidas cautelares personales o que modifiquen las ya acordadas, cuando hubieran tenido por objeto garantizar la seguridad de la víctima.
f) Las resoluciones o decisiones de cualquier autoridad judicial o penitenciaria que afecten a sujetos condenados por delitos cometidos con violencia o intimidación y que supongan un riesgo para la seguridad de la víctima. En estos casos y a estos efectos, la Administración penitenciaria comunicará inmediatamente a la autoridad judicial la resolución adoptada para su notificación a la víctima afectada.

También en la fase de ejecución de la sentencia las víctimas que lo hayan solicitado podrán tener información, pues habrá de remitírseles las siguientes resoluciones:

a) El auto por el que el Juez de Vigilancia Penitenciaria autoriza la posible clasificación del penado en tercer grado antes de que se extinga la mitad de la condena, cuando la víctima lo fuera de alguno de los siguientes delitos:
   1.º Delitos de homicidio.
   2.º Delitos de aborto del artículo 144 del Código Penal.
   3.º Delitos de lesiones.
   4.º Delitos contra la libertad.
   5.º Delitos de tortura y contra la integridad moral.
   6.º Delitos contra la libertad e indemnidad sexual.
   7.º Delitos de robo cometidos con violencia o intimidación.
   8.º Delitos de terrorismo.
   9.º Delitos de trata de seres humanos.
b) El auto por el que el Juez de Vigilancia Penitenciaria acuerde que los beneficios penitenciarios, los permisos de salida, la clasificación en tercer grado y el cómputo de tiempo para la libertad condicional se refieran al límite de cumplimiento de condena, y no a la suma de las penas impuestas, cuando la víctima lo fuera de alguno de los delitos a que se refiere la letra a) de este apartado o de un delito cometido en el seno de un grupo u organización criminal.
c) El auto por el que se conceda al penado la libertad condicional, cuando se trate de alguno de los delitos a que se refiere el párrafo segundo del artículo 36.2 del Código Penal o de alguno de los delitos a que se refiere la letra a) de este apartado, siempre que se hubiera impuesto una pena de más de cinco años de prisión.

Igualmente, se desarrolla, de acuerdo con la normativa europea, el derecho a la traducción e interpretación, tanto en las entrevistas, incluidas las policiales, como en la participación activa en vistas, e incluye el derecho a la traducción escrita y gratuita de la información esencial, en particular la decisión de poner término a la causa y la designación de lugar y hora del juicio. Tal y como se ha dicho con anterioridad, la falta de medios que habitualmente existen en las dependencias policiales y judiciales hará que el respeto y exacto cumplimiento de las disposiciones legales en esta materia sea, en muchas ocasiones, imposible de garantizar. En cualquier caso, es conveniente hacer constar en el atestado estas circunstancias, entre otras cosas para que conste documentado la falta de cumplimiento de una norma legal por ausencia de los medios necesarios, lo cual podría generar responsabilidad patrimonial de la administración afectada, aunque nunca del funcionario que, queriendo aplicar la ley, no puede hacerlo por no tener los medios que la aplicación de ésta exige.

También se regula el acceso a los servicios de apoyo, que comprende la acogida inicial, orientación e información y medidas concretas de protección, sin perjuicio de apoyos específicos para cada víctima, según aconseje su evaluación individual y para ciertas categorías de víctimas de especial vulnerabilidad.

Igualmente se busca visibilizar como víctimas a los menores que se encuentran en un entorno de violencia de género o violencia doméstica, para garantizarles el acceso a los servicios de asistencia y apoyo, así como la adopción de medidas de protección, con el objetivo de facilitar su recuperación integral.

— Participación de la víctima en el proceso penal

El Título II de la ley sistematiza los derechos de la víctima en cuanto a su participación en el proceso penal, como algo independiente de las medidas de protección de la víctima en el proceso, que son objeto del Título III.

Se reconoce a la víctima el derecho a participar en el proceso, de acuerdo con lo dispuesto en la Ley de Enjuiciamiento Criminal, y se refuerza la efectividad material del mismo a través de diversas medidas: por un lado, la notificación de las resoluciones de sobreseimiento y archivo y el reconocimiento del derecho a impugnarlas dentro de un plazo de tiempo suficiente a partir de la comunicación, con independencia de que se haya constituido anteriormente o no como parte en el proceso; por otro lado, el reconocimiento del derecho a obtener el pago de las costas que se le hubieran causado, con preferencia al derecho del Estado a ser indemnizado por los gastos hechos en la causa, cuando el delito hubiera sido finalmente perseguido únicamente a su instancia o el sobreseimiento de la misma hubiera sido revocado por la estimación del recurso interpuesto por ella.

Aunque el Estado sigue conservando el monopolio absoluto sobre la ejecución de las penas, la nueva ley facilita a la víctima ciertos cauces de participación que le permiten impugnar ante los Tribunales determinadas resoluciones que afecten al régimen de cumplimiento de condena de delitos de carácter especialmente grave, facilitar información que pueda ser relevante para que los Jueces y Tribunales resuelvan sobre la ejecución de la pena, responsabilidades civiles o comiso ya acordados, y solicitar la adopción de medidas de control con relación a liberados condicionales que hubieran sido condenados por hechos de los que pueda derivarse razonablemente una situación de peligro para la víctima.

Asimismo, se facilita a la víctima el ejercicio de sus derechos, permitiendo la presentación de solicitudes de justicia gratuita ante la autoridad o funcionario encargado de informarle de sus derechos, evitándose de este modo el peregrinaje por diversas oficinas; y se regula el procedimiento aplicable en los casos de presentación en España de denuncia por hechos delictivos cometidos en otros países de la Unión Europea, así como la comunicación a la víctima de su remisión, en su caso, a las autoridades competentes.

El Estatuto reconoce también el derecho de la víctima a obtener la devolución inmediata de los efectos de su propiedad, salvo en los supuestos excepcionales en los que el efecto en cuestión, temporalmente o de forma definitiva, tuviera que permanecer bajo la custodia de las autoridades para garantizar el correcto desarrollo del proceso. La decisión de entregar a las víctimas los instrumentos o efectos del delito que sean de su propiedad únicamente puede ser acordada por el juez instructor, sin que pueda la Policía acordar tal medida de oficio, puesto que en definitiva únicamente es el juez quien puede decidir si la conservación de los efectos delictivos propiedad de la víctima o de un tercero es necesaria para la instrucción de la causa o no. Es por ello que, antes de proceder a la entrega a las víctimas y, en general, a los terceros propietarios, de los efectos del delito, es conveniente comunicar esta circunstancia al juez instructor. No obstante, no existe inconveniente legal en hacer entrega de dichos efectos a sus propietarios, siempre en calidad de depósito, a disposición de la autoridad judicial, tal y como habitualmente se viene realizando.

Como novedad, la Ley incluye una referencia a la posible actuación de los servicios de justicia restaurativa. En este punto, el Estatuto supera las referencias tradicionales a la mediación entre víctima e infractor y subraya la desigualdad moral que existe entre ambos. Por ello, la actuación de estos servicios se concibe orientada a la reparación material y moral de la víctima, y tiene como presupuesto el consentimiento libre e informado de la víctima y el previo reconocimiento de los hechos esenciales por parte del autor. En todo caso, la posible actuación de los servicios de justicia restaurativa quedará excluida cuando ello pueda conllevar algún riesgo para la seguridad de la víctima o pueda ser causa de cualquier otro perjuicio.

— Protección de las víctimas

El Título III aborda las cuestiones relativas a la protección y reconocimiento de las víctimas, así como las medidas de protección específicas para cierto tipo de víctimas.

Las medidas de protección buscan la efectividad frente a represalias, intimidación, victimización secundaria, daños psíquicos o agresiones a la dignidad durante los interrogatorios y declaraciones como testigo, e incluyen desde las medidas de protección física hasta otras, como el uso de salas separadas en los Tribunales, para evitar contacto de la víctima con el infractor y cualesquiera otras, bajo discrecionalidad judicial, que exijan las circunstancias. Nuevamente y tal como ya hemos reiterado, la falta de medios con los que la Administración de Justicia tiene que desarrollar su actividad hará que estas previsiones legales queden en papel mojado, pues la inmensa mayoría de los edificios judiciales carecen de las infraestructuras necesarias para, por ejemplo, garantizar la separación física de víctimas y victimarios en las dependencias judiciales.

Para evitar la victimización secundaria en particular, se trata de obtener la declaración de la víctima sin demora tras la denuncia, reducir el número de declaraciones y reconocimientos médicos al mínimo necesario, y garantizar a la víctima su derecho a hacerse acompañar, no ya solo del representante procesal, sino de otra persona de su elección, salvo resolución judicial motivada.

La adopción de medidas y el acceso a ciertos servicios vienen precedidos de una evaluación individualizada de la víctima, para determinar sus necesidades de protección específica y de eventuales medidas especiales. Dichas medidas han de actualizarse con arreglo al transcurso del proceso y a las circunstancias sobrevenidas.

Las medidas de protección específica se adoptan atendiendo al carácter de la persona, al delito y sus circunstancias, a la entidad del daño y su gravedad o a la vulnerabilidad de la víctima. Así, junto a las remisiones a la vigente normativa especial en la materia, se incluyen aquellas medidas concretas de protección para colectivos que carecen de legislación especial y, particularmente, las de menores de edad víctimas de abuso, explotación o pornografía infantil, víctimas de trata de seres humanos, personas con discapacidad y otros colectivos, como los delitos con pluralidad de afectados y los de efecto catastrófico.

— Disposiciones comunes

Finalmente, el Título IV recoge una serie de disposiciones comunes relativas a la organización y funcionamiento de las Oficinas de Asistencia a las

Víctimas del delito, el fomento de la formación de los operadores jurídicos y del personal al servicio de la Administración de Justicia en el trato a las víctimas, la sensibilización y concienciación mediante campañas de información, la investigación y educación en materia de apoyo, protección y solidaridad con las víctimas, la cooperación con la sociedad civil y en el ámbito internacional, así como el fomento de la autorregulación por los medios de comunicación del tratamiento de informaciones que afecten a la dignidad de las víctimas.

Lamentablemente, y al menos según los datos que tiene quien esto escribe, hasta la fecha esas medidas de formación del personal de la Administración de Justicia brillan por su ausencia.

En este Título cabe destacar, asimismo, que se introducen distintas previsiones para reforzar la coordinación entre los distintos servicios que realizan funciones en materia de asistencia a las víctimas, así como la colaboración con redes públicas y privadas, en la línea de alcanzar una mayor eficacia en los servicios que se prestan a los ciudadanos.

Se regula, por último, la obligación de reembolso, en el caso de las víctimas fraudulentas, condenadas por simulación de delito o denuncia falsa, que hayan ocasionado gastos a la Administración por su reconocimiento, información, protección y apoyo, así como por los servicios prestados, sin perjuicio de las demás responsabilidades, civiles o penales, que en su caso procedan.

Para terminar, diremos que la Ley 4/2015, de 27 de abril, del Estatuto de la víctima del delito se ha visto completada por el Real Decreto 1109/2015, de 11 de diciembre, por el que se desarrolla la ley y se regulan las Oficinas de Asistencia a las Víctimas del Delito.

Made in the USA
Middletown, DE
04 November 2026

36545329R10091